Recitation of Fables

寓言故事朗诵

曾 致 ◎ 主编

（第二版）

中国传媒大学出版社
·北京·

图书在版编目(CIP)数据

寓言故事朗诵/曾致主编.--2版.--北京：中国传媒大学出版社,2019.5
ISBN 978-7-5657-2446-6

Ⅰ.①寓… Ⅱ.①曾… Ⅲ.①寓言—作品集—世界 Ⅳ.①I17

中国版本图书馆CIP数据核字（2019）第041588号

寓言故事朗诵（第二版）
YUYAN GUSHI LANGSONG (DI-ER BAN)

主　　编	曾　致
策划编辑	李水仙
责任编辑	李水仙
特约编辑	程　文
责任印制	阳金洲
封面设计	大鹏设计

出版发行	中国传媒大学出版社
社　　址	北京市朝阳区定福庄东街1号　邮编：100024
电　　话	86-10-65450528　65450532　传真：65779405
网　　址	http://www.cucp.com.cn
经　　销	全国新华书店
印　　刷	北京中科印刷有限公司
开　　本	787mm×1092mm　1/16
印　　张	14.75
字　　数	163千字
版　　次	2019年5月第2版
印　　次	2019年5月第1次印刷
书　　号	ISBN 978-7-5657-2446-6/I·2446　　定价　49.00元

版权所有　　翻印必究　　印装错误　　负责调换

目录 CONTENTS

寓言故事朗诵录音篇目/1

前　言/1

1　寓言的概念/1

2　寓言的起源/4

3　寓言的发展/7

4　寓言的特色/13

5　寓言的分类/17

6　寓言的作用/19

7　寓言朗诵技巧/27

8　寓言故事精选/54

　　老驴推磨/54

　　蚂蚁的醒悟/55

　　雾的悲哀/56

　　一粒种子/57

　　鲤鱼跳龙门/59

　　绿洲里的老先生/60

　　夜郎自大/61

　　美的假象/62

　　美洲豹和闪电/63

　　千金裘马/64

　　行人和梧桐树/65

　　瀑布与温泉/65

　　两只桶/66

　　镜子和猴子/67

　　天文学家/68

　　寒号鸟/69

　　揠苗助长/71

　　最难的学问/71

　　我要的是葫芦/72

　　千镜之屋/73

　　一朵不结果的桃花/74

　　迎客松的回答/75

大松树的忠告/76

孔融让梨/77

破缸救人/79

望洋兴叹/80

朝三暮四/80

猴子捞月/82

盲人摸象/84

愚公移山/86

鲲鹏与蓬雀/88

俱亡其羊/89

买椟还珠/91

驼背翁捕蝉/92

望梅止渴/93

不同的"偷"之道/95

薛谭学唱歌/97

纪昌学射/98

楚人学齐语/100

两个青年学棋/101

心不在马/102

井底之蛙/104

神鸟与猫头鹰/106

任公子钓大鱼/107

害怕影子的人/109

鲁侯养鸟/110

神龟的智慧/112

郑人买鞋/113

南辕北辙/115

歧路亡羊/116

刻舟求剑/118

笨人熬汤/119

田忌赛马/120

曹冲称象/122

自作聪明的墨鱼/124

五官争位/125

对牛弹琴/127

囫囵吞枣/128

规与矩/129

愚人食盐/130

人云亦云的八哥/131

黔驴技穷/133

老虎与小孩/135

虎与刺猬/136

牧童斗狼/137

美丑标准/139

守株待兔/140

乐羊子求学/141

活到老,学到老/143

铁杵磨成针/145

苛政猛于虎/146

扁鹊说病/148

亡羊补牢/150

塞翁失马/151

远虑与近忧/153

神童的不幸/154

泥偶和木偶/156

老虎模型/157

眼盲心明/159

不知趣的猎狗/160

蚂蚁的恐惧/162

痴心妄想/163

还是盲人好/165

得意忘形的老虎/167

黑羊救命/168

画蛇添足/169

狐假虎威/171

滥竽充数/173

老鼠报恩/175

蝉和蚂蚁/176

惊弓之鸟/177

九方皋相马/178

老鼠狃獭/180

鲁班刻凤/181

狡猾的蝙蝠/182

截竿进城/183

古琴价高/185

海龟和蚂蚁/186

邯郸学步/187

和氏之璧/188

河豚发怒/189

后羿射箭/190

糊涂的麋鹿/192

画鬼最容易/193

大脖子病人/194

东施效颦/195

儿子和邻居/196

曾子杀猪/197

不怕鬼的和尚/199

吝啬鬼/200

山鹰和狐狸/202

田鼠与家鼠/203

掩耳盗铃/204

强者不吹牛/205

镜　子/206

蠢　驴/208

时间和爱的故事/209

渔王的儿子/210

智慧是等不来的/212

负　担/213

主要参考书目/215

后　记/216

寓言故事朗诵录音篇目

1. 老驴推磨(浙江传媒学院刘宝寅播讲)
2. 蚂蚁的醒悟(福建东南卫视张宁播讲)
3. 雾的悲哀(福建广电集团姚高山播讲)
4. 一粒种子(福建师范大学附属小学姚若水播讲,9岁)
5. 鲤鱼跳龙门(湖南艺术职业学院杨雁播讲)
6. 绿洲里的老先生(湘西广播电视台黄亚萍播讲)
7. 夜郎自大(湖南人民广播电台刘明艳播讲)
8. 美的假象(湖南广播电视台曾致播讲)
9. 美洲豹和闪电(长沙市砂子塘泰禹小学何林霏播讲,12岁)
10. 千金裘马(湖南经济电视台唐仲杰播讲)
11. 行人和梧桐树(湖南人民广播电台付易天播讲)
12. 瀑布与温泉(湖南卫视汪涵播讲)
13. 两只桶(湖南卫视舒高播讲)
14. 镜子和猴子(湖南一师二附小曾可以播讲,7岁)
15. 天文学家(长沙市青竹湖湘—外国语学校马冉冉播讲,8岁)

16. 寒号鸟(湖南一师二附小曾可以播讲,7岁)

17. 揠苗助长(湖南一师二附小曾可以播讲,7岁)

18. 最难的学问(湖南人民广播电台郭巍播讲)

19. 我要的是葫芦(湖南一师二附小曾可以播讲,7岁)

20. 千镜之屋(湖南广播电视台曾致播讲)

21. 一朵不结果的桃花(郴州电视台朱丽芬播讲)

22. 迎客松的回答(怀化人民广播电台杨咏播讲)

23. 大松树的忠告(湖南艺术职业学院宋晓宇播讲)

24. 孔融让梨(中央人民广播电台杨波播讲)

25. 破缸救人(河北大学罗玲播讲)

26. 望洋兴叹(怀化人民广播电台张琳播讲)

27. 朝三暮四(安徽人民广播电台姜立安播讲)

28. 猴子捞月(天津人民广播电台何佳播讲)

29. 盲人摸象(江苏人民广播电台李炬播讲)

30. 心不在马(太原广播电视集团孙占山播讲)

31. 南辕北辙(湖南广播电视台李娜播讲)

32. 刻舟求剑(湖南广播电视台卢莎莎播讲)

33. 自作聪明的墨鱼(湖南广播电视台曾致播讲)

34. 五官争位(湖南广播电视台李娜播讲)

35. 囫囵吞枣(湖南人民广播电台周鑫播讲)

36. 愚人食盐(中国传媒大学南广学院朱俊瑛播讲)

37. 黔驴技穷(安徽人民广播电台姜立安播讲)

38. 牧童斗狼(中央人民广播电台杨波播讲)

39. 泥偶和木偶(河北大学罗玲播讲)

40. 狐假虎威(天津人民广播电台何佳播讲)

41.吝啬鬼(江苏人民广播电台李炬播讲)

42.强者不吹牛(中国传媒大学南广学院朱俊瑛播讲)

43.镜子(湖南广播电视台曾致播讲)

44.蠢驴(太原广播电视集团孙占山播讲)

45.时间和爱的故事(湖南广播电视台卢莎莎播讲)

(制作:陈飞扬 张智 姚蔺齐)

前 言

寓言,就是"寓意于言"。一个人想要把深刻的道理告诉别人的时候,就编一个具体形象的小故事,让听的人从故事中悟出道理,这个故事就叫寓言故事。在人类文明发展史上,生动、简洁而富有哲理的寓言故事,饱含着人类的智慧,闪耀着思想的灵光。千百年来,铢积寸累,伴随人类从蒙昧一步步走向现代文明。

中国寓言故事,是古代东方人世界观和价值观的体现,它作为几千年历史、文化的积淀,对后世人们思想观念的形成,有着深远而广泛的影响。寓言,是智慧的花、哲理的诗、正义的剑。许多优秀的寓言故事,蕴含着深隽的哲理和宝贵的生活经验,凭其思想性和艺术性启发着人们的智慧。寓言作品怪诞却不荒诞,神秘却不复杂,善讽却有节制,是一种非常重要的文学体裁。寓言作品文浅意深,通过故事的形式传承着人类文化的精髓,散发着智慧的光芒。一篇篇寓言故事,凝聚着人类文明的血与火、苦与乐、兴与衰、荣与辱,蕴含着宝贵的生活经验,融哲学和文学于一炉,是逻辑思维和形象思维的完美结合。千百年来,寓言故事在群众中广泛流传,并影响着政治和社会生活。岁月流逝,创作这些寓言故事的作者,可能早已被后人遗忘,但这些寓言故事却历久弥新,仍然闪耀着理性的光芒,具有强大的生命力,并成为全人类的共同财富。

有人说,寓言像个魔袋,里面有许多百变精灵,我们在它身上可以感悟到永远说不完、永远不过时的思想、真理、童真和情趣。是的,这就是寓言的魅力、魔力。阅读寓言的益处甚多,我们小时候所读过的寓言,始终陪伴着我们,跟着我们一起成长。虽然小时候,我们所理解的道理和寓意有限,但它依然或多或少告诉了我们做人的道理;成年后,我们重温这些故事,又会有新的理解和感悟,对人生也会有新的感触。寓言就是这么神奇,好像是一个魔袋,时时刻刻为我们提供锦囊妙计。

从文本学角度来看,寓言写作是一种创造;从朗读学来说,寓言朗诵则是一种再创造。语言是语音、词汇、语法三者的结合体。书面上写的语言是不完全的语言,因为语气、语调、语势,包括抑扬顿挫、轻重缓急等内容,没有办法全部描述。那靠什么才能表达出来呢?答案是朗诵。朗诵赋予静态文字以鲜活的生命、动态的灵气。朗诵使无声的书面语言,变成了声情并茂的有声语言。因此,寓言故事的朗诵,成了我们研究的课题。如何朗诵?如何使文字插上声音的翅膀?这需要我们不断实践、不断总结、不断提升。

今天,我们大力提倡和推广寓言故事的阅读、朗诵,不仅可以热情地赞扬和歌颂真、善、美,也可以辛辣地讽刺和披露假、恶、丑。记住这些故事,朗诵这些寓言,不论何时,不管何地,我们有理由相信,这份激励心灵的宝藏,必能给我们的人生带来思考和启迪,引领我们不断地成长与进步。

1
寓言的概念

寓言作为一种独立的文学体裁,其产生的时间比小说和剧本都要早。有关文献记载,寓言这种古老的文学体裁,从公元前3000年的苏美尔寓言算起,距今已经有五千年的历史了。在漫长的历史长河中,无论是在东方的中国和印度,还是在西方的希腊,寓言都开出了绚烂的花朵,有学者称它们是"世界寓言的三大发源地"。

早在两千多年前,印度就有了《五卷书》,有不少学者认为它是最早的寓言集。古希腊的《伊索寓言》至今已有两千多年的历史,深受世界各地一代又一代读者的喜爱。中国先秦诸子的寓言,距今也有两千多年的时间,"自相矛盾""刻舟求剑""狐假虎威""画蛇添足"等,都已成为人们经常运用并有固定意义的成语,影响相当深远。简短生动的寓言蕴含着深刻含义,通过一个个有趣的小故事,告诉人们深刻的道理或某种教训,带有明显的劝谕或讽刺意义。

"寓言"一词,最早见于《庄子·寓言》篇:"寓言十九,藉外论之",以及《庄子·天下》篇:"以重言为真,以寓言为广"。前者指出寓言假借外物立论的技巧,后者则视寓言为传达意念的工具。庄周的解释是："寓,寄也。以人不信己,故托之他人,十言而九见信。"所以他在《逍遥游》中用"斥鴳笑鹏"的故事表达他"皆有所待"的思想。俄国寓言家陀罗雪维夫说:"寓言是'穿着外套的真理'。"法国寓言家拉·封丹却说:"一个寓言可分为身体和灵魂两部分:所述的故事好比身体,所给予我们的教训是灵魂。"德国寓言作家、文艺理论家莱辛在《论寓言的本质》中说:"要是我们把一句普通的道德格言引回到一个特殊的事件上,把真实性赋予这个特殊事件,用这个事件写一个故事,在这个故事里大家可以形象地认出这个普通的道德格言,那么这个虚构的故事便是一则寓言。"俄国文艺理论家别林斯基在《克雷洛夫寓言》一文中说:"寓言是理智的诗。"别林斯基说:"在这一切(指寓言)里面,显然可以看出理性和实际才智占着优势,而理性和实际才智之所以带有诗意,是因为这些东西散发着机智的光辉,闪耀着戏谑和讥嘲的火焰。不用说,这一切自有其诗意,正像在关于不管什么样的真理(纵然是实际的)的直接的、形象化的传达中包含着诗意一样。"不难看出,寓言的产生及运用就是为了讽喻、劝诫,即把作者从生活实践中获得的启迪、领悟出的事理或哲理艺术化,从而达到印证其合理性、增强其说服力的目的。这是一种"把思想穿上衣裳,赋以血肉,而使之形象化"的创作,也就是将理性认识感性化、抽象概念形象化的过程。寓言故事是人类社会文明发展的产物,是文人墨客提炼自身生活感悟的一种文学艺术表达形式。从字面上讲就是寓事于物以言他。人们为了将独到的思想见解表达清楚,借用寓事于物的表达方式,使读者在阅读之后通过思维置换来明白作者的用意。据《战国策》记载,季梁曾以一则《南辕北辙》的寓言成功劝说魏王放弃攻打赵国,可见寓言具有多么强大的说服力。

寓言故事的精髓,在于寓事说理,寓事言他。我们在每一个寓言故事中都可以找到一种思想、一个灵魂,那就是人类在与自然和社会斗争中逐渐积累的知识与经验的智慧结晶。

2 寓言的起源

寓言起源于民间，直接反映了劳动人民的愿望、理想和诉求，表达了劳动人民的思想、感情和意志。它是从神话传说和动物故事演化而来的一种文体。有人说，神话传说是寓言起源的摇篮。早在没有文字的氏族社会，民间已有神话故事的流传。在当时社会生产力低下、科学知识极为贫乏的情况下，我们的祖先就通过大胆的想象创造出许多优美动人的故事，体现出与自然界顽强抗争的毅力，表现出战胜困难不屈不挠的奋斗精神和对理想社会的热烈追求。比如人们熟知的"大禹治水""女娲补天""精卫填海""后羿射日"和"刑天舞戚"等远古神话传说，它们的浪漫主义精神和那种动植物拟人化、夸张性的手法，都为哲学寓言的产生和发展提供了创作方法、丰富了表现技巧、积累了内容素材。

有些哲学寓言故事直接在神话传说的基础上发展起来，如《庄子》开篇《逍遥游》所塑造的变化飞腾的鲲鹏；那个"吸风饮露，乘云气，御飞龙"的姑射神人；以及使人爱其德而忘其形的怪人支离疏、叔山无趾、哀骀它等，几乎都是作者运用神话式的夸张手法所塑造的理想人物。先秦寓言中所出现的古皇氏名有十个之多，他们都是神话传说中的人物。其他如"鹬蚌相争""三虱争肥""土偶与桃梗""冒牌神君"等拟人化手法，无疑也来自神话传说。

神话，往往具有寓言的因素，有的甚至接近了寓言的雏形。随着社会生产力的发展和人们认识水平的提高，人们有意识地运用联想和想象去表现从生活实践中生发、领悟出来的思想认识及经验总结，渐渐形成了寓言这种寄托着教训或哲理的文学样式。我们可以从古希腊和我国先秦寓言中找到神话与寓言间渊源关系的轨迹。

尽管寓言与神话有一脉相承的关系，但也有明显的不同。神话是幼稚蒙昧的人类对自然、社会幻想性的解释，寓言却是人类对自己的生活及自然、社会理性的发现，是趋于自觉地认识生活的艺术反映。

曾有学者研究发现，动物故事是寓言的源泉。原始人的生活和动物极为密切。许多原始绘画的描绘对象都是动物，人们的口头创作也常常以动物为主人公。动物故事的发展反映着人与动物界的现实关系。在远古时代，人的力量比一些动物弱小，所以，在人类的意识里，老虎、狮子、狼、狐狸等是具有超人的力量或超人的智慧、是会给人类带来巨大危害的形象，甚至某些民族把动物当作神来崇拜。于是，以动物的形状或属性表现神的故事就产生了。后来由于生产力的发展，人类的意识逐渐从对动物的恐惧和崇拜中解放出来。人类在熟悉动物生活、细致观察它们的形态与习性中，发现了动物和人类之间的某些相似之处，于是便通过想象赋予动物某些人的性格，把动物"人格化"，借以展现自己的理想，传达要说明的事理。

我国的古代寓言在一般比喻的基础上开始发展，经过了一个文辞由简约趋于繁富、哲理由浅显趋于深刻、人物故事情节由缺乏趋于完整的演变过程。在我国古代第一部记叙文和论说文集《尚书》中，就出现了不少形象的譬喻。如盘庚迁殷时教训臣民："若火之燎于原，不可向迩，其犹可扑灭乎？"其用火势来比喻大势所趋、不可违抗。春秋战国时期的诸子百家，为精确表达思想内容和哲理而将譬喻升华、提高，进而发展成为一种特殊的文学样式。

寓言的发展

据有关文献记载，欧洲寓言是以伊索寓言为源头的。相传，伊索生活于公元前6世纪，现已失传的最早的古希腊寓言集《伊索故事集成》则成书于公元前4世纪末公元前3世纪初。其后，许多作家、诗人一再对伊索寓言进行改编和再创造。如1世纪的菲德鲁斯、2世纪的巴布里乌斯都分别用拉丁韵文、古希腊韵文改写过伊索寓言。甚至到17世纪初伊索寓言已经基本定型之后，改写伊索寓言的仍大有人在，其中不乏寓言大师。如法国古典主义寓言家拉·封丹（1621～1695年）把他的第一集寓言诗称为"拉·封丹用诗体写作的伊索寓言"，公开申明"大家熟悉的许多情节多来自伊索寓言"。俄国现实主义寓言家克雷洛夫（1769～1844年）也有很多寓言诗取材于伊索寓言。一方面，伊索寓言滋养了欧洲一代又一代的寓言家；另一方面，后代的寓言家又通过改写伊索寓言，一次又一次地丰富了欧洲寓言的宝库，大大提升和拓展了寓言的社会作用和现实影响。

我国古代灿若星河的寓言，有着不同的、悠久的、独立发展的历史，优秀的寓言故事浩如烟海。中国是独立发展的世界四大文明古国之一,有着五千多年的文明史,而且从来没有中断过。中国寓言从它发展的雏形(《易经·爻辞》)算起,已有三千多年的发展史了,中国寓言在漫长的历史中,经历了不同的发展阶段。而且早在距今约2400年的战国时期,就出现了中国古代寓言发展的第一个高峰,并出现了以列御寇、庄周为代表的浪漫主义寓言大师和以韩非为代表的现实主义寓言大师。如同中国文明对世界文明的发展产生了巨大的影响一样,中国寓言也对世界寓言的发展产生了不可忽视的影响。

一、先秦时期

这是我国古代寓言文学的产生和蓬勃发展期。学界认为,我国最早的寓言是《左传》昭公二十二年(公元前520年)所记载的"雄鸡断尾"的故事。周景王的宠臣宾孟在郊外看见一只公鸡"自断其尾",问仆人是什么原因,仆人回答说:"这是它害怕自己成为祭品啊。"宾孟连忙回去告诉周景王,并且说:"鸡也惧怕被人当作祭品呢。"当时周景王打算立儿子子朝为太子,遭到一些大臣的反对。宾孟试图用这个故事告诉周景王:要实现自己的愿望,不必顾忌将要付出的代价。言下之意是暗示周景王丢卒保车,除掉反对之人。这是我国有文献记录的最早的寓言,但由于口耳相传,不见于典籍经传的寓言故事肯定比这要早得多。

其中战国时期是寓言创作的一个黄金时期。据我国寓言文学研究专家陈蒲清统计,《庄子》有寓言约200则,《列子》约100则,《韩非子》约300~400则,《吕氏春秋》约300则,《战国策》约60则。仅此五部书便有寓言1000则左右。由此可见,战国中晚期的寓言作品该是何等的繁盛。当时的寓言作品主要集中在诸子散文里,为阐述不同流派的哲理和政治主张而服务,可称为"哲理寓言"。如《孟子》中的"揠苗助长""五十步笑百步",《庄子》中的"庖丁解牛""涸泽之鱼",《韩非子》中的"滥竽充数""郑人买履",《吕氏春秋》中的"刻舟求剑",《列子》中的"愚公移山""杞人忧天",《战国策》中的"画蛇添足""狐假虎威",等等,内容丰富,形象生动,寓意深刻。

二、秦汉、魏晋南北朝时期

这是我国古代寓言文学第一次高潮过后的回落和调整时期。秦汉时期,君威日重。汉武帝"罢黜百家,独尊儒术",文人士子安于皓首穷经,缺乏战国时期诸子百家那种积极进取的精神,寓言作品的数量和质量总体上不如先秦。魏晋南北朝时期,王朝更迭,文人创作热情投向诗歌,寓言创作相对沉寂。然而,这一时期的寓言文学仍有新的成就。两汉寓言的题材和手法大多沿袭先秦,旨在为空前统一的汉王朝寻求长治久安之道,即希望通过寓言来宣传历史的经验教训,在政治上、生活上给人以劝诫,可称为"劝诫寓言"。如《说苑》《新序》和《淮南子》中的"螳螂捕蝉""叶公好龙""塞翁失马"等,还有"对牛弹琴""杯弓蛇影"等,都是深受人民群众欢迎的经典之作。

三、唐宋时期

这是我国寓言文学发展的第二个高峰期。古文运动是纵贯唐宋的重大文学思潮。

如果说先秦寓言是说理第一,讽刺第二的话,那么唐宋寓言文学则恰好相反:讽刺第一,说理第二。唐宋时期,寓言文学创作成就最为突出的是柳宗元和苏轼。

四、元明清时期

这是我国古代寓言文学在新的历史条件下继续发展并向现代寓言文学转型的准备时期。元末明初至明中叶时期,曾掀起两次寓言创作高潮。其特点是冷嘲热讽的笑话成分增多,其中很多寓言可称为"诙谐寓言"。这一时期成就卓越的寓言作家有刘基、宋濂、刘元卿等,并出现了寓言专著《郁离子》(刘基著)等。

明代,我国古代寓言文学的发展出现了第三个高峰。这一时期,中国封建制度走向滑坡,政治的高压、思想的钳制,使人们思想僵化,对现实敢怒不敢言。寓言文学中直接批判社会的成分减少,而笑话的成分增加,冷嘲热讽成为主要风尚。最值得注意的两种发展态势是:上继《笑林》,寓言与笑话进一步合流;传统寓言对西方寓言的借鉴,从而显露出新的时代气息。

五、当代时期

"中国当代寓言"是指新中国成立至今创作的全部寓言作品。1954年1月30日《大公报》发表金江的《寓言四则》(《乌鸦和画家》

《批评家》《小鹰试飞》《两段木头》），开启了中国当代寓言创作的前奏。据目前收集的资料来看，当代寓言发展前期出现的作者有二百多人，他们大多在业余时间创作寓言作品。当中的代表作者有冯雪峰、严文井、金江、湛卢、舸夫（仇春霖）、大曼（鲁芝）、申均之、刘净（刘征）、吕德华、余毅忠、韶华、林植峰等。前期出现的作品总数有几百篇，寓言集有几十种之多。

1979年至1980年间形成了当代寓言创作的第二个高潮，许多优秀作品就在这时产生，其中代表作者有黄瑞云、凝溪、陈乃祥、叶永烈、海代泉、吴广孝、鲁兵、胡树化、卢培英、崔亚斌等。1984年，公木、仇春霖、朱靖华、金江等寓言文学作家、研究家共同发起成立了中国寓言文学研究会，公木担任会长。研究会以寓言创作、理论研究、出版及人才培养为主要任务，聚集了一大批作家、学者和出版人，在当代中国寓言文学的文学创作、理论研究和人才培养等多方面取得了辉煌成就。在各地文联、作协的支持和各地会员的积极努力下，浙江、广西、江苏、湖南、吉林先后成立了省一级的寓言文学研究会。

进入新时期以来，我国的寓言创作日趋繁荣。寓言形式不断创新，出现了寓言散文、寓言剧、寓言体童话、寓言相声、科学寓言、系列寓言和微型寓言等新的形式；寓言中的角色也在不断增加和更新，不少新的科技成果都成为寓言中的主角。例如宇宙飞船、地球卫星、机器人、火箭、导弹、计算机、手机、克隆的动植物等，甚至真理与谬误、标点符号和阿拉伯数字等，也被赋予了生命，用来说明哲理。据了解，中国新时期以来出版的寓言专集或选集已多达400种，寓言总篇数已逾2万篇（首）。

当代寓言发展后期在中国古代寓言、外国寓言的翻译、收集整理以及研究等方面都取得了可喜的成绩。广大文学工作者从不同角度,采取不同形式,对中国古代寓言进行了大规模的发掘。中国寓言文学研究会成立后,学者们先后组织力量,编辑出版了《古代中国寓言大系》《当代中国寓言大系》《外国寓言大系》等。目前研究会有会员400余人。金江的寓言《乌鸦兄弟》《小鹰试飞》,彭文席的寓言《小马过河》,刘净(刘征)的寓言诗《海燕戒》,以及圣野、刘猛、钱欣葆等作家的寓言,多次入选语文课本或教辅教材,在学生中产生了较大的影响。目前,小学语文课本中的寓言数量不少于童话(此处根据《寓言创作的现状及寓言对儿童成长的影响》[1]《中国当代寓言的分期及概况》[2]等资料综合整理)。

---

[1] 少军.寓言创作的现状及寓言对儿童成长的影响[EB/OL].(2008-03-31).http://blog.sina.com.cn/sjyuyan.
[2] 吴秋林.中国当代寓言的分期及概况[J].贵州大学学报:社会科学版,1987(3):54-58.

4 寓言的特色

寓言是文学体裁的一种。它以散文或韵诗的形式,讲述带有劝谕或讽刺意味的故事;结构短小,主人公多为动物,也可以是人或非生物;主题多惩恶扬善,多充满智慧哲理。好的寓言,既富有哲理,又饱含诗意,不仅能通过精辟的比喻、形象的故事,使人感悟其中的道理和教训,还蕴含着浓郁的诗意,值得反复吟诵,令人回味无穷。作为一种特殊的文学样式,寓言有着鲜明的艺术特色。

一是鲜明的寓意性。寓言是由喻体和本体两部分构成的,作为喻体的故事是寓言的表层,其真正的"内核"是本体,即作者所要阐明的教训和哲理。寓意是一则寓言的精髓所在,体现着作者对生活的真知灼见,往往闪烁着智慧的光芒,有着极大的思想力量。故事与寓意的各自独立使一则寓言的寓意有了极大的可塑性,人们往往可以仁者见仁,智者见智。寓言的寓意是肯定的、明确的,寓意可在文中直接写出,也可含而不露。主旨鲜明集中,是寓言的突出特点。寓言比其他体裁的文学作品都更能明确地表现出作者的观点看法。

二是篇幅的短小性。寓言是叙事文学中最简短的一种,作者往往是从生活与自然之中截取一个精彩的片段,并加以概括和提炼。寓言故事单一、情节简洁,紧紧围绕寓意叙述。因此,虽然有人物或角色形象,但一般都是线条勾勒,没有细致的刻画;虽有情节,但不展开,也不安排悬念与细节。

三是比喻的象征性。寓言由喻体和本体两部分构成。喻体就是所叙写的故事,本体是指寓言所阐明的教训或哲理,即寓意。寓言的比喻与修辞上的比喻不同。修辞上的比喻没有故事情节,其目的在于增强言辞的形象性和伦理的说服力;而寓言中的比喻有人物和情节,是把整个寓言所包含的事件作为一个喻体来影射或暗指,从而凸显寓意。修辞上的比喻,其本体和喻体多为简单的人物、动物、自然现象等;但寓言的比喻没有具体的实体,它的喻体是故事整体,本体是一个人生哲理或一种讽刺批评的态度,即故事最后的寓意,这使整个故事充满了象征含义。

我国古代寓言,是一个博大精深的思想和文学艺术宝库,在中国文学史上占有十分重要的地位。它有着鲜明的民族特色,主要表现在三个层面:

一是题材层面。我国寓言的产生与发展,充分显示了我国古代文化的特色。在题材上,我国古代寓言以人物故事为主,古希腊寓言和继承它的西欧寓言则以动物故事为主。究其原因,中国以农立国的历史非常悠久,较早脱离畜牧业,附着在土地上从事有规律的农业劳动,便造成了不耽于幻想的比较现实且早熟的民族心理。我国寓言在人们脱离畜牧业后几百年的战国时期才出现繁荣局面,而使之趋于成熟繁荣的士大夫们却把动物能说话视为荒诞不经、幼稚可笑的事。因此,动物故事便不得不退居次要地位。此外中华民族自古重史,春秋时期各诸侯国都有专门史官编撰史书。这种重史的传统反映出中华民族重视人事的性格,表现在寓言创作上便是大量使用人物和历史故事。

二是思想层面。古希腊寓言寄托在身为奴隶的伊索名下,面向现实,具有世俗性质。而我国古代寓言产生于哲学家、文人的书斋,具有很浓的政治伦理色彩,其在发展中又长期受儒家思想的影响。儒家思想重理性,重现实,积极用世,同时提倡"中庸",反对极端,主张调和矛盾。在这些思想的影响之下,讽刺现实或宣扬宗教的寓言便没有了立足之地,为政治服务成为我国古代寓言发展的一个基本倾向。

三是体式层面。古希腊与西欧寓言以韵文为主,而我国寓言文体形式和风格流派却呈现出多样化的特色。我国古代寓言虽以散文为主(散文侧重议论、叙事,寓言则是叙事和议论相结合的作品,是伴随着诸子散文产生和繁荣起来的),但也有不少诗体寓言和赋体寓言等。诗体寓言产生的时间很早,在《周易》的爻辞中已有雏形,《诗经·豳风·鸱鸮》是早期的一首寓言诗(《吕氏春秋·季冬纪·介立》所载《龙蛇歌》,则是完整的寓言诗)。战国中期以后,诗体寓言进一步得到发展,产生了赋体寓言。《庄子·杂篇·外物》之《儒以诗礼发冢》一节,不仅押韵,而且格式较为整齐;《荀子·赋篇》之《礼》《知》《云》《蚕》《箴》诸篇,也是节奏齐整、音韵和谐,均可作赋体寓言来看待;《楚辞》中也有诸多赋体寓言,如《渔父》《卜居》、《九章》之《橘颂》,以及宋玉的《对楚王问》《高唐赋》和《神女赋》中巫山神女的情节等。散体寓言与诗体寓言、赋体寓言并存,这也意味着寓言的独立。同时,这一时期的寓言也形成了儒、道、名、法、纵横等流派,这些流派的寓言都呈现出不同的写作特色和文学风格。

我国现代寓言的创作,一方面继承了古代寓言的优良传统,另一方面受到了外国寓言的影响。"从历史来看,寓言创作始终保持着鲜明的现实主义传统。然而寓言的表现技巧(运用幻想、比喻、象征、夸张等手法)却是浪漫主义的。可以说,寓言是现实主义和浪漫主义相结合的文学作品,在瑰丽辉煌的艺术宫殿中始终有着重要的地位。"[1]

---

[1] 寓言故事的主要特点[EB/OL].(2012-12-05).https://mr.baidu.com/kwqlp84?f=cp.

5 寓言的分类

《庄子·寓言篇》说:"寓言十九,重言十七,卮言日出,和以天倪。"《庄子·天下篇》又说:"以卮言为曼衍,以重言为真,以寓言为广。"有人认为这就是把寓言分为寓言、重言、卮言三类。但庄子在这里并不是把这三者作为寓言的分类提出来的,三者之间也没有明确的界限,而是带有很大的随意性。

在西方,古希腊修辞学家阿弗托纽斯将寓言分为三类:第一类是理性寓言,以人为角色;第二类是道德寓言,以动物、植物、无生命物体为角色;第三类是混合寓言,既有人的角色,又有动植物、无生命物体的角色。很明显,他是以寓言故事中的角色作为分类标准的,但从他以"理性""道德"作为寓言分类的名称看,却又好像是以寓言的寓意或作用作为分类标准的。

德国文艺理论家、美学家莱辛和阿弗托纽斯一样,也把寓言分为理性寓言、道德寓言和混合寓言三大类。

中国寓言文学研究会副会长、著名文学研究专家马达在《寓言的分类》一文中将寓言分为三类:一是按寓言角色、寓言形象分类,可以分为人物寓言和动物寓言。人物寓言又可分为历史人物寓言、现实人物寓言、虚拟人物寓言等。动物寓言又可分为野生动物寓言、禽家畜动物寓言、水生动物寓言、非野生昆虫类动物寓言、微生物动物寓言等,十二生肖寓言是动物寓言中特殊的一类寓言。二是按寓言思想内容、寓意分类,可以分为说理性寓言、批评性寓言和赞美性寓言。说理性寓言又可分哲学寓言、哲理寓言、经验教训寓言、教育寓言、劝学寓言、道德修养寓言、政治寓言(关于政治见解的说理)、宗教寓言(关于宗教教义的说理,又可分佛教寓言、基督教寓言、道教寓言)等。批评性寓言又可分劝诫寓言、讽刺寓言等。某些诙谐寓言、幽默寓言、笑话寓言也可认为是批评性寓言。赞美性寓言又可分为颂扬性寓言、鼓励性寓言等。三是按寓言题材分类,可以分为历史题材寓言、神话题材寓言和现实题材寓言。

  以上是比较常见的寓言分类,但很多学者在进行寓言研究时还有以下几种寓言分类:一是按寓言篇幅的长短分类,有长寓言、小寓言(又称微型寓言、独白寓言)等。二是按寓言本身的形式及所处地位分类,有单篇寓言、组合寓言、系列寓言、寓言群、穿插性寓言等。三是按读者对象分类,有成人寓言、中学生寓言、儿童寓言、幼儿寓言等。四是按寓言产生的时代或朝代分,有古代寓言、近代寓言、现代寓言、当代寓言等。

6
寓言的作用

一、文化传承的载体

寓言是一种历史悠久、生命力强大、影响广泛的文体。寓言在历史上、在今天的现实生活中都发挥着而且将继续发挥不可替代的作用。哲学家喜欢用寓言阐述、宣传他们的哲学主张及哲理。先秦诸子,如墨子、孟子、列子、庄子、韩非子、荀子等都在他们的著作中用寓言巧妙地阐明了他们的哲学主张,创造了一种寓言与散文融为一体的哲理散文,既推动了文学的发展,也推动了哲学的发展。

寓言的产生时间仅仅晚于神话与原始歌谣,但是在科技昌明的近现代,神话早已经失去了生存的土壤,而寓言创作却兴旺蓬勃,足迹已遍布五大洲。任何一个发展到文明社会阶段的民族,它可能没有其他文体种类,却不可能没有寓言。

在人类文化发展的初期,寓言是人类文明进步的助产士,对人类有启蒙作用。当代德国著名哲学家恩斯特·卡西尔在《符号形式哲学》中认为,人类自身的发展有三大里程碑:语言的产生—神话的繁衍—理性思维的发展。寓言产生在人类发展的第二里程碑与第三里程碑之际,对人类思维的发展起到了启蒙与桥梁作用。这是因为,寓言的寓体(即故事)连接神话(原始)思维,本体(寓意)连接理性思维。如伊索寓言故事的主人公,动物占80%,神话人物占10%。世界最早的苏美尔寓言《狐狸求角》(狐狸向恩利尔神求角)和庄子的开篇寓言《鲲鹏变化》,其寓体都是神话故事。这些寓言的寓意是理性的,即用非现实的故事模拟社会现象,宣传理性思维的成果,宣传哲学道理。正如亚里士多德在《修辞学》中所说的,"要发现模拟之点,哲学思维是必要的"。为什么要用寓言故事宣传理性思维成果呢?因为只有这种宣传,才能在当时取得事半功倍的效果。弗兰西斯·培根认为,在理性思维尚不发达的古代,使用寓言说理是一种大智能。他在《古人的智能》中说:"当人们的心灵仍然很原始,对于敏锐和思辨的事情未熟练甚至无耐性时,在某种意义上,是不可去接受那些不能直接刺激感官的事物的。""即使到今天,人们要以新的光亮照耀人类的理解力,既要克服偏见,而又不至于引起争辩、敌意、反对或骚动,也必然要循着这同一的道理,即求助于寓言、隐喻或暗示等类似的方法。"

  我国古代寓言是传统文化的组成部分,是极为宝贵的精神财富。寓言文学是整个民族文学的重要构成部分。鲁迅在论及寓言文学时曾说:"寓言和演说,好像是卑微的东西,但伊索和契开罗,不是坐在希腊罗马文学史上吗?"中国古代寓言文学经过四个时期的发展和三次高潮的推动,产生了浩如烟海的优秀作品。正因为寓言跟文学有不解之缘,所以对文学语言影响非常大。我国的许多典故成语都源于寓言故事。如：揠苗助长、鹏程万里、得心应手、朝三暮四、望洋兴叹、井底之蛙、杞人忧天、滥竽充数、刻舟求剑、掩耳盗铃、画蛇添足、惊弓之鸟、塞翁失马、叶公好龙、螳螂捕蝉、对牛弹琴、杯弓蛇影、黔驴技穷……

有研究者认为，欧洲文学中的典故与成语，主要来源于《圣经》与寓言。如：The crab and its mother. 译为：母蟹与小蟹，比喻说说容易做起来难；The grapes are sour. 译为：葡萄是酸的，比喻不服输而找借口。

寓言还有很强的渗透性。许多著名的文学家，在他们的作品中吸收了寓言的精神并运用其手法，使作品的质量大为提升，异彩纷呈，比如屈原、李白、鲁迅、郭沫若等。这些作品贯穿了具有民族特色的现实主义传统，充分发挥了文学的认识功能、教育功能和审美功能。

二、开启心智的明灯

寓言，就像一把用巧妙的比喻做成的钥匙，可以帮助读者打开心灵之门，启发智慧。不少伟人也喜欢在著作中恰到好处地运用寓言。比如毛泽东同志在1945年中国共产党第七次全国代表大会的闭幕词中，引用了愚公移山的典故，之后这篇闭幕词以《愚公移山》为题，被收入《毛泽东选集》。毛泽东同志所概括的"下定决心，不怕牺牲，排除万难，去争取胜利"的愚公移山精神，对中国人民的革命和建设起到了极大的教育作用。在人民解放战争即将取得全国性胜利的时候，毛泽东同志在为新华社写的1949年新年献词《将革命进行到底》中，引用了《伊索寓言》中《农夫与蛇》的故事，教导人民应汲取农夫的教训，不要怜惜濒于死亡的像蛇一样的恶人。

优秀的寓言故事可以启迪智慧、陶冶情操,揭示出许多做人的道理和做事的方法。如《坐井观天》告诉我们要把眼界放宽,不能局限于一个狭小的范围,只见树木不见森林,只见河流不见大海。《农夫和蛇》劝诫我们对恶人不能心存怜悯,即使对恶人仁至义尽,他们的邪恶本性也是不会改变的。《苍蝇与蜜》提醒我们,贪婪往往是许多灾祸的根源。《亡羊补牢》提醒我们要居安思危、未雨绸缪,防患于未然。《龟兔赛跑》说明了奋发图强的弱者也能战胜骄傲自满的强者以及骄者必败的道理。《刻舟求剑》深刻地批评了那些经验主义者,提醒我们在思考和处理问题时要着眼于变化了的客观环境,不要拿老眼光来看待问题。《乌鸦喝水》告诉我们智慧往往胜过力气,遇到问题要多想办法,多动脑筋。《狐狸和葡萄》提醒我们在遭受挫折的时候,不要有"酸葡萄心理",不要老是找客观理由,而要从主观上分析原因。《庖丁解牛》提醒我们世间一切事物都有它自身的规律,掌握了事物的规律,办事就可以得心应手。特别是一些经典的寓言故事,可以把我们带到一个全新的认知层面。这些寓言,有的像哑谜,引领我们穷思后得其解;有的像魔镜,照射出世间的千姿百态;有的像微妙的诗篇,言有尽而意无穷;有的像舞台小品,揭示生活的苦辣酸甜……品读这些寓言,我们仿佛触摸到时代跳动的脉搏,感受到历史翻腾的风云,接触到形形色色的人物,欣赏到一出出或悲或喜的小戏剧,观照到人类经验的深层内核。它们短小而厚重,犹如一盏盏开启心智的明灯,指引我们前行的方向。

三、拓展思维的法宝

　　人的智力素质中,最关键的是思维素质。著名学者陈蒲清认为,寓言在提高人的思维素质方面,有其他学科与其他文化所不能替代的重要作用。莱辛写过一组论寓言的系列文章,《论寓言在学校中的功用》是其中的一篇。这篇文章有一段精彩论述:"我现在直截了当所解释的功用,可以称作寓言的启迪功用。为什么在一切艺术、科学领域如此缺乏发明家和富有自我思维能力的人呢?这个问题最好用另外一个问题回答:为什么我们不能受到更好的教育呢?上帝赐予我们灵魂,可是天才,我们只有通过教育才能获得。对一个小孩子,我们要尽可能地持续不断地用同样的方式培养和增强他的整个精神力量。……我们要使他养成习惯,使他尽快把今天学到的新知识与昨天已经掌握的知识加以比较,……我们要经常使他能够从一种科学看到另一种科学;我们要好好教他,使他能够轻而易举地完成从特殊上升为一般,又从一般回到特殊这一认识过程。这样做,这个小孩子就会成为天才,不然就会成为人世间的蠢材。"

　　莱辛认为,寓言能启迪儿童的智慧,发展儿童的推理能力。为什么这样呢?这是由寓言的文体特点所决定的。寓言的寓体是一种形象,带有原始思维的特点(如各种生物甚至无生命物都能思考和说话,便是原始的"万物有灵"观念);而寓言的本体是一个抽象的道理,是理性的概括。寓体(拟人化故事)连接着神话思维,寓意连接着理性思维,因此,寓言可以在两种思维间起到桥梁纽带作用。

人类个体的机体孕育,是人类生命进化过程的简缩;人类个体的心理发育,则是人类智力发展过程的简缩。有的寓言故事耐人寻味,有着多元的寓意,青少年在学习寓言时,应该拓展发散性思维,从多方面、多角度去思考,而不是单一地、一元化地理解文本。比如《纪昌学射》这则寓言故事,我们就应该有多元的解读,我们可以从"飞卫"的角度来理解,即严师出高徒;也可以从"纪昌"的角度来理解,即学习一项本领,基本功是非常重要的;还可以理解为只有把一个个的小目标、阶段目标做扎实、做好,才可以更好地接近、实现大目标。《扁鹊治病》这则寓言也同样有多元的解读,从蔡桓公的身上,我们分析出:刚愎自用、太过固执就没有好的结果;还可以读出应该防微杜渐,把"毛病"消灭在萌芽状态,否则它会像滚雪球一样,越来越严重。多视角、多方面、多维度地解读寓言故事,这本身就是我们每一个寓言阅读者、朗读者专业素养的折射。所以,寓言能够引导我们从形象思维发达而理性思维较弱的童年、少年时代,逐步迈进理性思维成熟的成年时代。我们应该利用寓言的这一特点,大力拓展思维能力。

四、锤炼语言的妙方

中国有句古话,叫作"一言知其贤愚"。口才是一个人的思想、智慧、知识、见识、性格、气质等综合素质的反映。人们常常免不了"以貌取人",但更多时候是"以言取人"。西方世界曾把"舌头、金钱、原子弹"列为三大武器。这是因为科技的发展,已经使我们的距离越来越近了,不仅使人们面对面的交流更加频繁了,而且电视、广播、电话等现代设备也对人的口语表达能力提出了更高的要求,如果没有一定的口语表达能力,人们就无法更好地适应这种信息社会。"祸从口出"的古训已不再被奉为神明,"君子敏于行,而讷于言"的看法也已逐渐被抛弃。人们都说"人才不一定有好口才,但是口才好一定是人才",由此可见口才在人才判定标准中的重要性。

语言和思维是互相促进的,人的思想要靠语言表达出来,而语言交流又可以促进思维的发展。人类的社会性决定了人类语言交流的重要性。有了交流,文化产生了冲击和变革;有了交流,思想有了交汇和碰撞;有了交流,技术可以互补短长;有了交流,情感可以更好地沟通。因此,提升口才是为了更好地与人沟通,更好地展现个人魅力,更快地拓展思路,更迅速地实现个人目标。而从小就积极参与讲寓言故事、朗诵寓言诗、表演寓言剧、读寓言书、交流寓言创作经验等活动,可以培养我们对寓言文学的兴趣,提高自身的听、说、读、写能力,锻炼语言复述能力,提高表达能力,强化语言感染力,锤炼语言基本功。特别是青少年儿童正处在学习语言、发展思维的阶段,寓言故事短小、生动,通过阅读优秀的寓言作品,他们可以丰富词汇,增强口语表达中的文化含量,有效地提高语言运用的能力。因为,寓言故事在创作的时候,吸收了很多来自民间的口语,再经作者的提炼升华,成为铿锵有力、富有生命的语言,为历代所传诵。这种方法启示着后代对语言的创造和运用。

哲学寓言故事作为我国文学语言和民间口语的一部分,是其他文学体裁所不能企及的。中国有很多语词寓意深广、饶有风趣,词外之意耐人寻味,构成中国语言的独特风格,其能得到寓言的青睐是顺理成章的。同时，大量古代寓言先后被概括为成语或警句，几千年来被人们广泛地使用着，如"画蛇添足""惊弓之鸟""鹏程万里""朝三暮四""望洋兴叹""井底之蛙""杞人忧天"等，不胜枚举。另外，"矛盾""掣肘""推敲"等早就成为含有一般意义的概念而被运用着，以至于人们不复记得它们是从寓言中来的了。还有许多寓言成为典故，言简意赅，在古代诗文辞赋中使用，形成了意境悠远、幽雅朴素的中国风格。

在古希腊，寓言的作用突出地表现在学校教育方面。在学校里，低年级的学生从伊索寓言中学习民间的智慧，高年级的学生利用它来进行修辞训练。纵观我国小、中、大学教材，把寓言故事引入课本的做法一直都在延续。如小学课本中的《揠苗助长》《自相矛盾》《守株待兔》《刻舟求剑》《会摇尾巴的狼》《瞎子摸象》《猴子捞月》《狼和小羊》《龟兔赛跑》等；中学课本中的《小儿辩日》《愚公移山》《智子疑邻》《和氏献璧》《南郭处士》《日攘一鸡》《黔驴技穷》《蚊子和狮子》《狼落狗舍》等；大学课本中的《扁鹊见蔡桓公》等。寓言在教材中所占比例相当大，特别是许多高等院校播音主持艺术专业的教材中，也编入了大量的寓言故事，因为这些故事不论是从文学性、故事性，还是从趣味性、艺术性和哲理性来说，都具有典型意义和训练价值。大家通过讲述故事来达到说理的最终目的，既训练了口才，又学到了知识、明白了事理，一举多得，何乐而不为呢？

7 寓言朗诵技巧

朗诵,是口语交际的一种重要形式,可以提高阅读能力,增强艺术鉴赏水平。更为重要的是,宏观而言,朗诵可以陶冶性情、开阔胸怀、文明言行、增强理解;微观而言,朗诵可以有效地培养对语言细致入微的品味能力,以及确立口语表述最佳形式的自我鉴别能力。

朗诵,作为一种特殊的有声语言表现方式,比起谈话、解说、评述、演讲等,对声音条件、气息状态、共鸣调节等方面的要求要高出很多。朗诵是朗诵者的一种再创作活动。这种再创作,不是照本宣科的简单发声,也不是脱离朗诵文本的另行演绎,而是要求朗诵者通过有声语言表达,表现出原作的主要精神和艺术美感。

朗诵是一种目视其文,口发其声,耳闻其音,心通其情,意会其理的综合阅读活动;是从字、词、句到段、篇,从文字到语音、语义,从表层意思到深层含义、潜在情味的全面感知。朗诵使人在反复诵读中潜心涵泳,认知文字,感受声律,体会词语,梳通文脉,捕捉作品艺术形象,明悟作品思想感情,领略作品韵味意境,体会作品语言艺术,通达作品奥妙之处。久而久之,朗诵者就会积累大量的语言材料,获得丰富的感性认识,在潜移默化中熟稔词语,贯通语法、修辞规律,形成灵敏的语感。

在朗诵中,我们通过语言技巧的运用和声音造型的变化,能把文章中的人、事、意境、作者的思想感情和趣味,绘声绘色地表达出来,也能使字里行间潜在的含义溢于言表,还可以把书面文字难以表达或者根本无法表达的隐情妙趣抒发出来。朗诵是把握文本内容的一种手段,也是学习有声语言的重要方法。通过朗诵,我们可以看到作者的神思匠心及文章的要义。只有通过反复朗诵,我们才能深入体会文章的妙处。当然,朗诵也是培养说话能力和写作能力的有效方法。朗诵特别有利于提高口头表达能力,读书时把辨形释义、正音、识字有机地结合起来,便能积累词汇,熟悉句型,洗练语言,规范口语,培养正确、流利、清晰、富于表情的说话习惯。不仅如此,朗诵还有利于提高书面语言的表达能力,因为"读"是前提,"读"是接收信息的过程,而写作则是对信息进行处理加工的过程。如果没有足够的信息储备,处理信息也就无从谈起。背诵过的东西,写文章时若能用到它,便能招之即来,呼之欲出。前人所说"劳于读书,逸于作文",正缘于此。

朗诵还能加强记忆,有益健康。我们知道,记忆是人脑的一种特殊功能,是人类储存知识的一种重要方式,朗诵能加深记忆、巩固记忆,能唤起人们的感知和想象,起到联想记忆的作用。朗诵通过音韵调的变化可以产生一系列的声音形象,并使之牢牢印入人们的脑海之中。总之,朗诵是一种重要的语言能力,它要使用视觉、听觉、运动觉等,通过中枢神经,进行多渠道的信息反馈和协调活动,可反映注意力的稳定性和分配转移能力等。朗诵的停连、轻重、升降、快慢等,需要根据上下文的关系、意义确定,若能及时做出符合原文含义的表达反应,则可反映思维的敏捷性、灵活性、深刻性等。

读什么样的书,做什么样的人,这是个重要的问题。每一个人的不同回答,可以彰显其不同的为人观念和处世方式。有人说,寓言就是一把钥匙,用巧妙的比喻做成,而这把钥匙可以打开心灵之门,启发人的智慧,活跃人的思想。也有人说,寓言是一个魔袋,袋子很小,却能从里面取出很多东西,甚至能取出比袋子大得多的东西。还有人说,寓言是一座奇特的桥梁,一座介于简单与复杂之间的桥梁。在这座桥上多走几个来回,不仅能看到五光十色的生活现象,还能发现生活的内在意义。正所谓,"一花一世界,一叶一乾坤"。

今天,我们大力提倡和推广寓言故事的阅读和朗诵,不仅可以热情地赞扬和歌颂真、善、美,而且可以深恶痛绝地讽刺和披露假、恶、丑。我们可以通过阅读和朗诵寓言,总结寓意,从中体会作家所寄托的感情和心声,理解真实的现实,从中学会生活、学会做人,提高分辨生活中是非美丑的能力。此外,我们还可以在寓言故事精辟的文字中体味艺术美的存在。

下面,就寓言故事的具体朗诵技巧做一些简要的阐述。

一、品析作品,把握寓意

朗诵是将文字的视觉形象转换为语音的听觉形象的一种阅读活动。朗诵寓言,应该紧密结合寓言故事的品味和分析过程。怎样读,才能准确、生动、细致、真实地演绎出文本的情感内蕴?这离不开对文本语言的品读、品味。

寓言，或以此喻彼，或以物喻人，或以古喻今，或以小喻大，总是寓意蕴于内，必有形体、故事显于外。这就决定了我们的朗诵任务：揭示寓意。

寓言篇幅短小，语言简洁，结构单一，情节新奇，一般采用一事一理的写法，所以它的层次很清楚。它经常借用拟人、夸张、讽刺等表现手法将深刻的道理寄托在寓言故事中，因此，我们在朗诵寓言时不能忽视对寓言的表现方法的理解，要联系生活实际去深入体会它的教育意义。朗诵寓言最重要的是要通过对故事的分析，由浅入深、由表及里地把握寓言所蕴含的生活哲理。

朗诵要从寓言本身出发，精细地研究作品，在感受作品提供的形象体态的同时生发出与内容相关联、相一致的道理来。我们应该明白，寓意是一则寓言的精髓所在，它体现着作者对生活的真知灼见，闪烁着智慧的火花，有着极大的思想力量。一则寓言故事所提供的可开掘的寓意的广度和深度，成为这则寓言是否有思想和艺术生命力的标志。寓言深层的寓意，需要朗诵者有意识地去领悟与思考。

例如把《滥竽充数》中的南郭先生，转换成那些没有真才实学、凭做假蒙混度日的人；把"滥竽充数"比喻为缺乏才干而混充行家，或是比喻以次充好的行为。《买椟还珠》蕴含了"看事物不能只重华丽表面，而不追求实际价值"的寓意。《南辕北辙》指明了"办事要行动和目的一致，如果方向错误那么再好的条件也是徒劳的"这样的基本道理。在《狼和小羊》中，狼想吃掉小羊，试图以貌似公正的理由来掩盖自己的暴行，但当它的虚伪言词被纯朴的小羊一一揭穿时，便不加掩饰地露出其残暴本性。《狼和狗》用人们熟悉的两种动物之间一段充满个性的简单对话，赞颂自由自在的生活，反映了古代奴隶制状态下的人们对自由的向往。

有些寓言告诫人们，各种事物都有自己的特点，不可违背自然，违背规律。《乌龟和老鹰》中的乌龟本是爬行动物，却想学飞翔，结果被摔死；《鹞子和天鹅》中的鹞子本为飞禽，却想学兽类嘶叫，结果当然适得其反。

《肚胀的狐狸》说明矛盾会因情势的变化而变化；《骆驼》说明知识高于经验；《驮盐的驴》告诫人们不可犯经验主义的错误；《两只青蛙》教导人们考虑问题要全面；《狐狸和狗》涉及的则是一个重要的美学问题——心灵美胜过形体美；《乌龟和兔子》作为一则广为人知的寓言，非常简明而形象地说明了先天才能和后天努力的辩证关系。此外，《农夫和他的孩子们》教导人们用劳动创造财富；《蚂蚁和蝉》嘲笑好逸恶劳；《衔肉的狗》和《寡妇和母鸡》告诫人们不要贪婪；《狐狸和猴子》和《狐狸和鳄鱼》嘲笑吹牛撒谎的人；《狐狸和山羊》告诫人们做事不可冒失，以免上当受骗；《狮子和老鼠》赞扬知恩图报；《驴和骡子》教导人们要互相帮助；《打破神像的人》反映的是当时人们朴素的神灵观念；《卖卜者》和《女巫》则是对迷信、巫术的批判。

中国民间寓言塑造了许多角色形象，有植物、动物、人、矿物等，大多数是通过隐喻形式来表现性格特征的。在这些寓言故事中，不一定有很复杂的情节结构，也不一定有细致的心理描写和风景描绘，可是，寓言里面的角色却有鲜明、突出的性格特征。例如，《鹬蚌相争》里鹬和蚌就是意气用事的形象，《守株待兔》里的农民就是不劳而获的形象,《自相矛盾》里卖矛和盾的商人就是思想片面者的形象。在传统的寓言里,还有下面这些传统形象:自高自大者、撒谎者、故步自封者、喜欢别人吹捧的懒惰者、忘恩负义者、对敌人失去警惕心者、误信甜言蜜语者、言行不一致者、讳疾忌医者、虚心学习者、抱旧眼光者、有勇无谋者……因此,我们分析人物形象,实际上就是在思考寓意。

首先,对于中国古代寓言故事,我们在朗诵前应尽可能地弄清寓言的出处,掌握相关文史知识,增加自己的知识积累。当然,故事与寓意的各自独立也使一则寓言的寓意出现了极大的可塑性,人们往往可以仁者见仁,智者见智。

其次,朗诵者要掌握寓言的思想内容,准确概括寓意。寓言是用假托的故事或自然物的拟人手法,来说明某个道理或教训的文学作品,而寓意则是寄托或隐藏于其中的思想内涵。我们在阅读、朗诵一篇寓言故事时,不能只停留于对故事本身的津津乐道,应该用心去洞察故事深刻的思想内涵,准确把握寓意,从而有所感悟、有所收获。如何概括古代寓言的寓意呢?一是借助文言工具书,扫除阅读障碍;二是了解寓言故事的思想内容,分清它是与励志、哲思、劝诫、讽刺有关,还是与处世、修身、思维、学习有关;三是要把握住作者隐藏在文后的鲜明态度;四是将寓言故事所揭示的道理上升到普遍性的高度,用简洁的语言概述出来。至此,寓意自然也就出来了。

寓言的寓意,我们可以从不同的角度来提炼。比如《黔之驴》,我们就可以从驴和虎两个角度来概括寓意。

最后,我们还要了解寓言所用的表达方式。寓言故事情节非常新奇,往往能引起人们丰富的联想。它往往要借助比喻、拟人、夸张等手法将深刻的道理寄托在寓言故事中。因此,我们在朗诵寓言时,不要忽视对表现手法的理解,要深入体悟这些表现手法的重要作用。寓言一般都是以人、动物、植物作为形象化主体来表现作品的寓意与立意的。生动、鲜明的具体形象可以给人留下深刻的印象,对表现作品寓意十分有益。如果忽视形象本质,仅仅单纯追求外部形象的生动以获取表层的喜剧效果是不可取的。比如,在朗诵寓言《一头学问渊博的猪》时,虽应当对猪的外部特征有所兼顾,适当有些相应的设计和造型,但重在对猪这一形象的本质核心——愚昧、不懂装懂进行充分揭示,用盲目自信的语气和真实的自我感觉来表现。这样处理,便会强化受众对这一形象本质核心的领略与认识,产生嘲讽的评判结论,实现猪这一形象塑造的效果。

在朗诵中要准确地揭示所读寓言的寓意,必须把握住所读寓言的形象故事,紧扣寓意来安排朗诵技巧,传达出寓言所蕴含的深刻寓意。例如我们朗诵《守株待兔》:

> 古时候有个种田人,一天,他在田里干活,忽然看见一只野兔从树林里窜出来↑。不知怎么↓,它一头撞在田边的树桩上,折断了颈骨,死了。↓
>
> 种田人急忙跑过去,没花一点力气,白捡了一只又肥又大的野兔。↑他乐滋滋地走回家去,心里想:要是每天能捡到一只野兔,那该多好啊!↑
>
> 他从此丢下锄头,整天坐在树桩旁边等着,↓看有没有野兔再跑来撞死在树桩上。↑日子一天

一天过去了，再也没有野兔来过，他的田里却长满了野草，庄稼全完了。↓

这则寓言故事，成功地塑造了一个死守偶然经验的种田人形象。它的寓意在于：得到一个偶然的经验便守住不放，是万万不行的。朗诵时，我们要紧紧扣住这则寓言的形象和寓意特点，运用恰当的朗诵技巧，通过对种田人"偶然得兔→坐等野兔→荒了田地"三方面情境的生动描述，显露深刻的寓意。

第一自然段叙述故事的起因，朗诵时可用一般叙述的语气，速度要平缓，声音要适中，但"忽然"二字要做重音轻读处理，并在它们的后面稍作停顿，以强调情况的变化。"不知怎么"一句，要拖长音节，以强调野兔撞死的偶然性。

第二自然段写种田人偶然得兔的行动和心理。读种田人捡野兔的行动，声音可响亮一些，速度要加快，"急忙"要读得快而重，把种田人偶见野兔后急着拾兔的行动特点表现出来。"白捡""乐滋滋"则应读得慢些、轻些，以显示种田人捡到野兔是偶然的、没花气力的。种田人的心理活动，要用轻声、"自言自语"地读，语速可稍慢，语气还应带上一点沾沾自喜的味道，要把种田人希望以后还有偶然机会拾兔的心态表达出来。

最后一段，则要把农夫期待不劳而获的奢望变成失望的心理过程展现出来。

这样从整体上把握寓言故事来朗诵，听者一般就可从朗诵者对寓言故事的描述中，悟出其中寄托的深刻道理。

再比如朗诵《嘴的抗议》这篇寓言：

鼻子因为伤风堵住了，人只得用嘴来呼吸。嘴因此很不高兴，嘟囔着说："我总是最倒霉，什么吃饭啦，喝水啦，哦，甚至于接吻，都要用到我，成年累月一天到晚不给一点安静，忙得我够呛。↑呼吸嘛，本来是鼻子的工作，现在也推到我头上来了，好像我是一匹该干到死的驴。"↑

"嘴兄……"鼻子抱歉地说，"这实在出于不得已，请暂且帮一两天忙。"↓

"住嘴！"嘴咆哮起来，"懒惰的东西，你以为我是傻瓜吗？我不会以实际行动来抗议吗？你等着吧！"↑

嘴巴紧紧闭住双唇，人顿时无法呼吸，就痛苦地憋死了。↓

要朗诵好这篇寓言，朗诵者就必须明确其中所寄寓的深刻道理：一个整体中各个部门相互间的协作关系，是非常重要的，帮助别人就是帮助自己，危害别人就是危害自己。当我们明确了作品的寓意后，在朗诵时，要抓准和处理好一些关键词。比如朗诵到作品第一段"呼吸嘛"这三个字时，可将语势突然提高，一直读完后面的一句话："本来是鼻子的工作，现在也推到我头上来了，……"重点突出"鼻子"和"我"这两个词。这样一来，就可表现出"嘴"的分工分家、泾渭分明的狭隘思想，表现出"嘴"不愿帮助鼻子，对"鼻子"的反感情绪。叙事部分要娓娓道来，把故事情节一步步交代清楚，将"嘴"和"鼻子"的形象描绘得有声有色，让听众在解颐的情趣中辨出弦外之音来。作品的最后一句："嘴巴紧紧闭住双唇，人顿时无法呼吸，就痛苦地憋死了。"朗诵者应明确这是故事的结局，是作品的关键所在。有了这样的结局，文章才对"嘴"的行为充满了讽刺意味。因此，我们可以在"就痛苦地"之后来个稍微久一点的停顿，在听众注意力高度集中的情况下，再有意地放慢语速，缓缓道出"憋死了"这三个字，清楚地表达这句的内在语："嘴也随之一起失去了生命"。这样处理，就生动而鲜明地道出了寓意，使听众悟出真谛。[①]

二、分析特点，明确类型

凡是好的寓言作品，都有生动的形象，并有明显的比喻性质。故事中的主人公，不论是人，还是人格化了的动物、植物或自然界其他东西和现象，都有鲜明的性格特点。这些特点，与社会上某类人、某些事或某种现象的特点，在一定程度上是相同、相近或相似的。作者就是根据这些物类之间的关联点，通过所塑造的寓言形象，来比喻或影射社会上某类人、某些事或某种现象。因此，我们在朗诵时，首先就要根据寓言形象的特点，相应地给形象划分比喻的类型，然后再针对比喻形象的特点来设计、运用朗诵技巧，以生动地再现形象的特点。

---

① 赵兵,王群.朗诵艺术创造[M].上海：上海人民出版社,2008：114.

划分寓言形象的比喻类型时,要在熟悉作品的基础上分析作品中的寓言形象,这一形象有什么特点,并抓住该形象的特点与社会生活中的某类人、某些事或某种现象进行类比,看看寓言形象与他(它)们之间有什么相同、相近或者相似点,代表社会生活中哪类人、哪类事或哪类现象。与寓言形象有相同、相近或相似的人、事或现象,就是寓言形象的比喻类型形象。例如《揠苗助长》中的寓言形象农夫,他主观急躁的特点与社会生活中那类犯有主观急躁毛病的人的特点是相同的。因此,这类人就是这个寓言形象的比喻类型形象。又如《狐假虎威》中的寓言形象狐狸,它借老虎的威风吓唬百兽的行为,跟社会生活中那些倚仗主子势力在百姓面前作威作福的奴才、走狗的行为是相似的。所以,这类人就是这个寓言形象的比喻类型形象。

在分析好寓言形象的比喻类型形象之后,我们就可围绕比喻形象的特点设计朗诵技巧,运用恰当的朗诵方法、技巧塑造形象的性格特点。例如《揠苗助长》中的农夫,他比喻的形象是社会生活中那类主观急躁的人,可运用稍高的声音、急促的语气、紧张的节奏把这个人主观急躁的特点再现出来。比如它的第一、第二自然段:

　　古时候有个人,他巴望自己田里的禾苗长得快些,天天到田边去看。↑可是一天,两天,三天,禾苗好像一点儿也没有长高。↓他在田边焦急地转来转去,自言自语地说:"我得想个办法帮它们长。"↑

　　一天,他终于想出了办法,↑就急忙跑到田里,把禾苗一棵一棵往高里拔,↑从中午一直忙到太阳落山,弄得筋疲力尽。

开头"古时候有个人"这句,因是一般性介绍,又是叙说过去,可用常规的音量、平和的语气和缓慢的语速来播讲。"他巴望自己田里的禾苗长得快些,天天到田边去看"这两句,声音就要略微提高,速度也要稍微加快,语气要显得有些急切。"巴望""天天""去看"三个词,可加重音量,以表示农夫焦急的情绪。从"可是"开始,到"转来转去",朗诵时的音量还可适度提高,节奏还可加快,语气应显露焦急和失望的情绪。"转来转去",要做重音处理,拖长音节,读得响一些、有力一些,以表现出农夫的焦急神情。农夫的自言自语,可略慢些、轻些。"帮"字可做重音轻读,以强调农夫的主观愿望和速成心理。

第二段"一天"至"想出了办法",是一般叙述,可用中速和一般叙述语气读。但接下去至"往高里拔",语速要加快,音量要适当提高,语气要更显焦急和自信。"跑""拔"两个字,要加强音量,读得高些、响些。"高"字要拖长音节,强调农夫主观地强求速成的行为特点。

结尾的一段,开始可稍快,以突显"急忙"之感,读到"弄得筋疲力尽"时,速度要放慢,可以使用柔弱的语气、较轻的音量去表现农夫疲倦的状态。

《狐假虎威》中的狐狸,它是动物,所比喻的形象是社会生活中那些倚仗主子势力在百姓面前作威作福的奴才、走狗。凡朗诵的寓言形象是动植物等的,都要拟人化。据此,朗诵狐狸这一寓言形象时,就要运用拟人化的手法,使狐狸人格化,按生活中这些奴才、走狗的特点,来构思和运用朗诵技巧。朗诵的声音可高、尖、飘浮些,语气要狡猾、奸诈,自始至终要着重表现狐狸装模作样、故意虚张声势的特点。例如:

狡猾的狐狸眼珠子骨碌|一转,扯着嗓子对老虎说:

"你敢吃我?"↑

这一段,表现了狐狸狡猾和善于装模作样的特点。朗诵时,可用稍微高、尖、飘浮的声音,稍快的语速来读。语气上应虚张声势、虚情假意。"骨碌"和"一转"要加强音量,重音轻吐,中间稍作停顿,以显示出狐狸在打坏主意的狡猾特点。"扯"字要拖长音节,强调狐狸故作神气的样子。"你敢吃我",要用恐吓和质问的语气来读,"敢"字要强调处理。句尾可用升调,把"我"字音量升高拖长,以突现狐狸那种神气活现的样子。

因而,寓言朗诵一定要把握寓言形象鲜明的性格特点,以抓住形象本质、核心的东西为主,尽量做到形神兼备。另外,朗诵者对寓言形象的外部特征也要有所兼顾,但不可本末倒置。寓言的朗诵根据创作种类、风格的不同,在处理上也应有所不同。比如,有的作品以叙述为主,有的作品人物语言较多;有的是劝喻,有的是嘲讽。然而,无论何种,寓言朗诵中语言表达的夸张、对比都要强于其他种类的作品,这是由寓言的创作特点所决定的。夸张,不单指语言外部形态的放大与强调,还要有高度的真实感与信念感,否则,就会缺乏说服力和感染力。需要提醒的是,我们要记住:不要为了夸张而夸张,要有充分的内心依据为言语导向。描绘美好事物的寓言故事可以给听者带去美感,鞭挞丑恶事物的寓言同样可以给听众带去美的享受。比如作家吴礼鑫创作的寓言《老虎与野牛》,写的是一只老虎不顾一切地捕杀一头野牛,而野牛全力以赴地逃命,最后老虎追上了野牛,咬住野牛的尾巴,正准备享受到手的胜利果实的时候,野牛却用尽全身的力气突然转过身来,用锋利的尖角朝老虎猛刺过去,最后把老虎刺死了。该寓言非常简短,寓意却很深刻:忘乎所以,往往容易葬送自己。

三、夸张对比,凸显个性

法国著名寓言作家拉·封丹曾经说过:"一个寓言,可以分为身体和灵魂两部分,所述的故事,好比身体,所给予的教训,好比灵魂。"寓言的核心在于说理,哲理教训是寓言的灵魂。寓言因篇幅的限制,情节不可能像长篇作品那样跌宕起伏,但也并非死水一潭,好的寓言作品能使单纯的、静止的、平面的情节变得摇曳多姿,精彩纷呈。运用夸张手法来表现寓言形象,是寓言写作中常见的一种形式。例如《刻舟求剑》,作者为了突出表现思考问题僵化一类人的特点,描写了一个过江的人,不顾时间、地点的变化,不考虑船行剑不行的实际,竟想在船行很长一段路到码头后,才从船上刻着记号的地方下去打捞宝剑。这种描写,显然是十分夸张的,但却深刻地揭示了这类人头脑僵化的特点,因而是很成功的。

寓言夸张手法的运用,常常是和对比手法连在一起使用的。不少寓言佳作,在同一篇作品里,都塑造了对比鲜明的寓言形象。例如《狼和小羊》中,狼的凶残和小羊的善良,就形成了一个鲜明的对比。又如《东郭先生和狼》中,东郭先生的仁善糊涂和狼的凶狠狡猾,也形成了强烈的对比。这些对比,作者都是运用夸张的手法来描述的。寓言这种夸张对比手法的成功运用,使所塑造的寓言形象栩栩如生,所寄托的寓意深刻醒人。因此,我们在朗诵寓言时,也要相应地运用朗诵技巧上的夸张和对比手法,来展现寓言形象的不同个性特点。

在寓言的朗诵中,对比主要是指对不同形象的声音塑造要有较为明显的区别。寓言的朗诵,往往是除了叙述故事以外,还要用语言表现不同的形象,只有加大其语言形象对比,才能有所区别,使人听而辨之。同样的道理,对比,不能只是外部形态的对比,还要加强内心的对比感,抓住每一个形象的不同之处,予以放大和强调,才能做到内外相贴、形有所依。

朗诵方法上的夸张对比手法,可以是多种多样的。比如朗诵基调的深沉与轻快、音色上的淳厚与浮薄、音量上的高响与低沉、语速上的急促与缓慢、语气上的欢愉与悲痛、重音上的重读与轻吐、停顿上的较长和稍短等,都可按照表现寓言形象性格和揭示寓言寓意的需要,酌情选用。这样,可以生动形象地再现寓言的故事内容。

我们以《狼和小羊》为例,简单提示一下:

狼∧来到小溪边,看见小羊▲正在那儿喝水。

一开头,就要把人、动物、事件,清晰、鲜明地交代出来。这是寓言朗诵特别要注意的。《狼和小羊》的开头,就交代出了主角——狼、小羊,因为它们是这篇寓言的主角,所以"狼"和"小羊"要作为重音强调。全句语速要慢,重音要显示动物的本质特征,"狼"要带上一些凶狠残暴的色彩,"小羊"要显露一些善良弱小的味道。这其中当然也表明了朗诵者憎、爱的色彩。后面的情节、对话都以此为基础,在鲜明的对比中,层层推进。小羊的理由越实在、充足,狼的贪婪欲望就越强烈,到狼向小羊"扑去",暴虐者的本性也就暴露无遗了。

如果朗诵中表达不出狼和羊的区别,把"小羊喊道"处理得也像狼那样高声大叫,使人听来狼不像狼,羊不像羊,怎么能揭示"强权即真理"的深刻寓意呢?那伸张正义、鞭挞暴虐的朗诵目的又怎么能达到呢?

因此,在朗诵《狼和小羊》时,我们必须根据狼和小羊这两个寓言形象的特点,整体设计好朗诵中夸张对比的语调。狼的特点是凶恶狡猾,要选用相对高、响、躁、凶的声音,较快的速度,凶蛮狡诈的语气来读。小羊的特点是善良温和,所以就应选用清脆稚嫩的声音、较慢的语速、温和天真的语气来读。

总体设计好狼和小羊两个形象夸张对比的语调后,在具体的朗诵处理上,就要遵循总体设计,根据实际需要,恰当运用具体的夸张方法,从而把狼和小羊的特点栩栩如生地展现出来。如该文第二自然段和最后一个自然段:

狼非常想吃小羊,就故意找碴儿,说:"你把我喝的水弄脏了!你安的什么心?"↑

……狼不想再争辩了,龇着牙,逼近小羊,大声嚷道:"你这个小坏蛋!说我坏话的不是你就是你爸爸,反正都一样。"说着就往小羊身上扑去。↓

这两段,突出表现了狼的狡猾和凶恶。朗诵第二自然段时要用凌厉的声音、狡辩的语气来读。语速可稍快些,"非常""故意找碴儿"和"弄脏"还要适当拖长;"什么"可重音轻吐,这样可夸张地表现出狼那种狡猾野蛮的神情。

最后一段的朗诵,速度可比第二段快些,声音要更高昂尖厉,语气要凶狠、咄咄逼人。"争辩""牙""大声""小坏蛋""坏话""你""你爸爸""反正"等词和词组,要读得更响些、更浮躁些。"爸爸""反正"还要拖长音节,加强语势。整段的朗读,要力求更加夸张地表达出狼那种凶恶蛮横的特点。

又如这篇文章的第三自然段:

小羊吃了一惊,温和地说:"我怎么会把您喝的水弄脏呢?↑您站在上游,水是从您那儿流到我这儿来的,不是从我这儿流到您那儿去的。"↑

这段话,表现了小羊温顺、善良、有礼貌的特点。朗诵的时候,声音要清脆稚嫩,语速要稍慢,语气要温和天真并有礼貌。"温和""弄脏"可读得稍重些,"我""您""您那儿""我这儿"要做重音轻读处理。全段的朗读要注意夸张地传达出小羊温和善良的个性特点。

上面举例所分析的,是在同一篇寓言作品里运用夸张对比手法,塑造多个寓言形象的情况。朗诵这类寓言故事,可以抓住不同寓言形象之间的特点来进行对比。实际上,在寓言作品中,还有不少是在一篇作品里运用夸张对比手法只塑造一个形象的。朗诵这类寓言时,就要注意根据寓言形象在不同阶段性格发展的实际,来运用夸张对比的朗诵方法,这样才能把只有单一寓言形象的作品表达好。比如朗诵《叶公好龙》:

古时候有个叶公,非常喜欢龙。他穿的衣服上绣着龙,戴的帽子上镶着龙,住的房子也一样,墙壁上画着龙,柱子上雕着龙。这些龙张牙舞爪,回旋盘绕,好像在云里雾里飞翔。↑

天上的真龙听说叶公这样喜欢龙,就决定去拜访他。一霎时,乌云滚滚,雷电交加,↑真龙到叶公家里,把头伸进了南窗,尾巴绕到北窗。↓

叶公见了真龙,吓得脸色发白,浑身发抖,连忙跑走了。↓原来他喜欢的不是真龙。

朗诵这篇寓言,我们可以根据叶公前后对真假龙的不同态度,来设计和运用夸张对比的手法。叶公开头假装喜欢龙,读这一自然段就可用苍老、低沉、厚实的声音,缓慢的语速,轻柔喜爱的语气来读。"非常"要拖长音节,加重音量,尽量读得夸张些,以表示出叶公喜欢龙到了惊人的地步。"绣""镶""画""雕"等动词要读得响亮一些,夸张地拖长音节,以表现叶公似乎很喜欢龙。"这些龙张牙舞爪,回旋盘绕,好像在云里雾里飞翔"这句,要用夸张描述的语气来读,要读得绘声绘色、身临其境、如见其景,把叶公好龙的环境气氛夸张地渲染出来。最后读叶公见到真龙吓得逃跑这段,声音就要虚、高、飘,加快语速,语气要急促惊慌,以与前面的声音、语速、语气形成反差和对比,展示叶公前后两种截然不同的态度。"吓得脸色发白,浑身发抖,连忙跑走了",可以夸张一些,用快速、慌张而又略带颤音的声调,以夸张地表现出叶公惊慌失措、恐惧不堪的样子。最后一句是议论,朗诵的声音要厚重些,语速也要慢下来,语气要严肃,以把叶公假好龙的虚伪实质揭示出来。

寓言故事的情节有大量的"巧合"之处,这些巧合可以使得故事由"巧"而生"妙"、生"趣"。例如《鹬蚌相争》,细读之下漏洞频出,鹬被夹住嘴怎么说话呢?鹬真的没有其他办法对付蚌了吗?撞碎、甩脱可以吗?我们主张根据故事情节,在语言表达上适当地做夸张处理,不必追问这些情节是否真实。因为寓言本身就是一种带有戏谑色彩的文体,写故事的人或许根本不在乎故事的漏洞。这种"巧合"和"夸张",一方面让听者很清晰地认识到这则寓言的寓意及所包含的道德教训;另一方面又让大家觉得滑稽可笑,给人带来美好的听觉感受。

四、合理想象,灵活造型

寓言故事,一般都是通过形象的具体行为来表现所要说明的问题的,因此,朗诵者的合理想象十分重要。在想象中,我们对寓言故事中出现的一些形象,如动物、植物等生物或铜钱、桌子等无生命物体,不仅要设想出具体外形,更重要的是,还要感受和想象出具体形象的行为、心理、情感、神态相互间的关系以及声音形式的特点等内质,同时,我们还应感受和想象出作品的时间、地点、环境等相关条件。朗诵者要看得见、感受得到这一切,这是表达的基础。

我们要通过合理的想象,用形体表达寓意,努力把形象体态的丰富性用有声语言灵活地展现出来,不可墨守成规,以偏概全。张颂教授在《朗读学》一书中曾经指出：有的朗诵者，朗诵寓言如木雕泥塑，似乎不敢驰骋自己的想象，以为一切都包含在文学上，于是字字认真、句句正规，等待听者自己去思索、去玩味，并认为唯其如此，才能自然明白寓意。这样认识和朗诵语言活泼、形式多样的寓言，肯定是事倍功半的，必须改变才行。文学语言所描写的形象体态，不能因形之于声而变得模糊。那字字认真、句句正规，除了说明朗诵者对寓言的认识不全面外，还说明朗诵者语言的功力不足。这样朗诵寓言，那形象体态的光彩必然减色，甚至黯然失色。朗诵者的再创作也只能以失败而告终。

首先，寓言中的形象体态只有在朗诵者的脑海里活跃起来，才有可能被恰如其分地表现出来；其次，有声语言中必须饱含形象感受，即人、动物、物体等的具体形态、拟人化特征，及其与外界的关系、目的和行为；最后，在有声语言的表达技巧上必须多样，刚猛、柔弱、凶残、善良、骄傲、卑下、固执、犹豫、贪婪、顽强、怯懦、正直、委屈……都要能够表现出来。要做到这些，怎么可以拘泥字句、缺乏活力呢？由此看来，我们在朗诵寓言的时候，必须通过合理想象，将作品中的形象人格化、性格化。

比如朗诵《猴吃西瓜》这个寓言故事时，我们可以把作品中所涉及的猴王"性格化"。猴王外强中干、官气十足，我们可以把它想象成一个负面形象的领导；把短尾巴猴想象为简单、教条的形式主义者；把小毛猴想象为天真、率直的小青年；把老猴想象为迂腐、倚老卖老的老学究；而那些应声附和的小猴则可想象为缺乏主见、知识不多的人云亦云者。有了这些具体、鲜明的性格区别，我们在朗诵时，就不会感到是在表现猴的语言,一味去模仿猴的声音,而会感到是在表现一个个性格各异、身份不同的人物的语言。心有所依,便语有所形。这样的表达势必清楚、鲜明、生动,听者也乐于接受。

又如《猫和老鼠做朋友》。在以往的作品中,猫的形象是十分可爱的,老鼠的形象多是令人憎恨的。中国传媒大学罗莉教授对寓言故事朗诵非常有研究。她曾以《猫和老鼠做朋友》这则寓言为例,在"合理想象"上展开了细致入微的分析。她认为,在这篇寓言故事中,猫狡猾、欺诈,对朋友不忠,不但用诺言一次次欺骗老鼠说有人请老鼠去做"干爹"继而偷吃光了它们共同收藏准备过冬的猪油,而且当老鼠发现了猫的卑鄙行为并指责它背信弃义时,它却一口将可怜的老鼠吃了下去。而老鼠,在这篇寓言故事中,则是一个可怜、糊涂的角色。它轻信了狡猾的猫的话,没有丝毫的防备之心,因而,落得了一个可悲的下场。我们在朗诵这则寓言故事时,也要将这两个动物形象"性格化"。可以把猫想象为一个甜言蜜语、心怀叵测的伪君子;把老鼠想象为一个善良、柔弱、不敏的人。[①] 罗莉教授认为,朗诵这篇寓言,尤其是在叙述的语言中,对"猫"的行为应有种揭露感,对老鼠的行为,则可有种同情感,不应将嘲讽的意味注入其中,否则会使表达呈现混乱的状态,不利于揭示其立意。实际上,这种嘲讽的意味是在受众听完整个故事情节之后,自己品出来的。

在寓言故事的朗诵中,应当特别注意保持作品中特定形象的稳定性与统一性,即"猫"的语言始终是"猫",不能突然有某几句话变为"小老鼠"在说,或是"大老虎"在说。不管是什么情状、色彩的话,都

---

① 罗莉.文艺作品演播[M].北京:北京广播学院出版社,2003:147.

应体现这只猫的性格及表现形式特点,不能变为其他动物或其他性格的猫在说话。否则,就会使听众的接收信息过程混乱,也使我们的表达欠准确、完整,从而影响有声语言的表达质量。这需要我们在理解、想象和表达外化阶段,做到具体形象始终存在于内心视像中,以不断提示表达者的身份感,确保形象的稳定性和统一性。

张颂教授认为,在寓言故事的朗诵中,还有一种认识,也是限制寓言作品表达的,即把寓言与论说文混同起来,主张像朗诵论说文那样去朗诵寓言,把形象体态的一言一行都看作是概念的推移,以为这样才能突出寓意,才能使寓言结尾处揭示主旨的警句不同凡响。其实,好的寓言朗诵,甚至可以不等到结尾,寓意便自然显现。词语的概念性,在寓言中总是伴随着形象性的。在概念的推移中,必定包含着形象体态的生聚交往、行走坐卧,而并不走进推理、证明的规格中去。寓言朗诵同论说文朗诵是不能相提并论的。寓言朗诵不能是刻板的,也不应是说教的;如果不以丰富的形象体态揭示寓意,朗诵便会走向笨拙、僵化,那无异于"守株待兔"的农人,满足于失去必然性的偶然性,驻足于抹杀多向性的狭隘性,一厢情愿而终无所得。[1]

我们在朗诵一篇寓言作品时,要根据作品对某一形象的刻画和它的自然外形特征来灵活造型,不应机械、生硬地将一篇作品中某一形象的造型原样搬到另一篇作品中。因为同一形象,在每一篇作品中所起的作用不尽相同。有些动物具有类型性,比如狐狸形象是狡猾的类型,狼形象是凶残的类型,等等。但如果使寓言形象停留在类型性上,而不使其具有丰富的个性,就会使寓言毫无生气和新意,显得平庸而

---

[1] 张颂.朗读学[M].3版.北京:中国传媒大学出版社,2010:221.

浅薄。所以寓言形象虽然多取类型,但同时也要求具有个性。狐狸是狡猾的,但这一只狐狸的狡猾不同于那一只狐狸的狡猾。千篇一律,就会使人味同嚼蜡。如《狐假虎威》中的狐狸,它是狡猾的,这是类型性的一面,但它又不同于其他狡猾的狐狸。它临危不惧,足智多谋,个性非常鲜明。老虎受到狐狸的愚弄,老虎自己却一点也不知道,这是别的狐狸所做不到的。这篇寓言本来是江一用来回答楚宣王提出的为什么北方各国都怕楚国将军昭奚恤的疑问的,而它不仅回答了这个疑问,还告诉人们看事物不能只看表面,更重要的是要看清事物的本质。这篇寓言后来衍变为成语,用来比喻奴才凭借主子的权势,作威作福,任意欺压百姓。

再比如,在一篇作品中,老鼠是正面形象,而在另一篇作品中,它恐怕就是反面形象;在一篇作品中,山羊是长辈,但在另一篇作品中它就有可能是晚辈了。因此,我们的有声语言造型与表达不能千篇一律、千人一面,应根据作品中的角色关系,灵活造型,以保证朗诵创作艺术的准确性和灵活性。

五、惟妙惟肖,形神兼备

朗诵是语言的艺术,寓言朗诵是通过有声语言让文字插上翅膀,让读者获得美的感受。我们常常认为,小说、诗歌、散文需要形象、生动的语言,寓言作品似乎与语言形象、生动无关,其实这是一种错误的认识。寓言正因其短小,所以更需要形象、生动的语言去塑造文学典型,让读者读后、听后久久不忘。

寓言的形象和一般文学体裁的形象有相同之处也有不同之处。相同之处主要是它们都有因思想、行动、形象之间的交往、联系、矛盾、冲突而形成的生动情节；它们的语言都要切合形象本身的个性、身份、地位、环境，都力求口语化。寓言形象和一般文学形象主要的不同之处是，寓言形象可以是人，也可以不是人，可以是动物、植物、无生命物、自然现象、生物器官或物品的一部分甚至抽象概念（如庄子寓言中的影子和影子外面的阴影，列子寓言中的"力"与"命"等），可以说，没有什么是不可以作为寓言形象的。

正是由于寓言形象的多样化，才使得寓言天地无比广阔；寓言舞台异彩纷呈，才能赢得广大读者特别是少年儿童读者的喜爱。我们在朗诵寓言时，必须做到形神兼备、惟妙惟肖，才能达到良好的艺术效果。

寓言形象是多样化的，寓言形象的塑造也是变化莫测的，不过万变不离其宗，塑造寓言形象最基本、最重要的方法是拟人化。选择动物、植物、无生命物等作为寓言形象，可以使寓言形象和人的社会生活拉开距离。这样，就可以让读者结合自己的亲身经历和见闻感受，充分发挥自己的想象，在体会寓言故事所蕴含的深刻寓意、揭示人物和事物本质的同时，获得深刻的思想启迪。因此，我们在处理寓言作品时，应以突出个性为原则，将作品中凡能突出人物和事物个性的地方，用各种手段、从各种角度加以渲染，发挥夸张的艺术作用，达到活灵活现、栩栩如生的艺术效果。如果听众通过我们的朗诵，迅速地联想到他生活周围似曾相识的人和事，能从中受到启迪，那么就说明我们的表达是有一定感染力的。

比如朗诵《猴吃西瓜》中群猴讨论如何吃西瓜的场面时,要表现出这些猴子不懂装懂、浮夸自诩的丑态,就可以从语气、语调等方面着手,适度夸张。对于夸张技巧的运用,不同的朗诵者会有不同的处理方式,但不管如何运用,都必须有生活依据。比如猴王,为了突出猴王盛气凌人的特点,可以在每一句话的结尾处加一个语气词——"啊",或者在前面加一个感叹词——"啊!",而且还可以采用严肃的态度、厚重的语气、加大音量、拖长音节等手段予以突出。

今天(啊↑),我找到一个大西瓜(啊↓),这个西瓜的吃法嘛,我是全知道的,不过我要考验一下你们的智慧(啊↓),看你们谁能说出西瓜的吃法(啊↑),要是说对了,我可以多赏他一份(啊↓),要是说错了,我可要惩罚他!

朗诵者对短尾巴猴进行形象塑造时,可以突出它虽然机敏却好在众人面前自我表现的个性,在语言技巧上可以加快语速,加强语气,运用又尖又亮的"金属音":

"不对,我不同意小毛猴的意见",↑一个短尾巴猴说,"我清清楚楚地记得我和爸爸到我姑妈家去的时候,吃过甜瓜。吃甜瓜要吃皮,我想西瓜也是瓜,当然该吃皮啦!"↑

这种语言处理方式也是有生活依据的。比如,我们可以联想到现实生活中那些自以为是、喜欢夸夸其谈的人。这种人的特点是爱表现,说起话来喋喋不休、滔滔不绝。

故事中的老猴子,我们可以设想为"老子天下什么都懂"的形象,在朗诵时要语速缓慢,声音沉重,故弄玄虚。

"吃西瓜嘛,当然……是吃皮啦,我从小就吃西瓜,而且一直是吃皮,我想我之所以老而不死,也正是由于吃了西瓜皮的缘故!"↑

这个形象有点像生活中那些自以为是却倚老卖老的人。他们刻意表现自己的"老资格",实际上却不懂装懂。

我们应该认识到,很多寓言作品都是在幽默中批评某种行为或思想。为了达到幽默的效果,常常需要夸张或者模仿,但是我们必须掌握好"度",不能一味地夸张而对表达造成负面影响。我们在一些朗诵比赛中常常见到朗诵者为了"逼真"地表现出作品中的角色形象,模仿、夸张过了头,结果完全破坏了效果,让人感到十分做作。比如有一篇寓言《乌鸦和猪的谅解》,说的是猪嘲笑乌鸦黑,乌鸦也嘲笑猪黑,当它们发现彼此一样黑时,又互相"谅解"了对方,它们一致认为黑并不难看。我们在朗诵乌鸦的话时,声音可以尖一些,因为乌鸦体形很小;可以加快语速,因为乌鸦总是被认为比较狡猾。而朗诵猪的话时,可以把声音放低一些、粗一些,因为猪常被定位为愚笨的形象。这样立刻就使两个角色的声音拉开距离,形成对比;这样不但可以塑造不同的角色,而且还可以增强作品的艺术效果。但是有些朗诵者夸张过度,没有把握好分寸:在朗诵乌鸦的话时尖声大叫,声嘶力竭,有的甚至破音了;在朗诵猪的话时瓮声瓮气,导致口齿不清,这种处理方式是极不可取的。朗诵者的本意是想追求艺术效果,但却事与愿违。试想,如果我们连意思都表达不清楚,还谈什么艺术效果呢?

总之,寓言的朗诵并非易事,我们只有细心揣摩,精心设计,用心表达,才能真正做到为原作"锦上添花"。

8 寓言故事精选

老驴推磨

老驴推磨，一圈又一圈地转着。

它觉得自己走了不少的路，它对自己的成绩感到分外满意。"一里、二里……十里……百里、千里……真了不起，我已走过这么长的路。"

老驴把眼镜推到额上，眯上双眼，对自己的事业越来越满意地欣赏起来，频频点头微笑着。旁边的黄牛对它说："老兄，不要把自己估计得太高了，你不过是在原地打转，一步也没有前进啊！"

老驴马上发火了："什么？胡说！我的腿天天在走路，这难道不是铁一般的事实吗？哼！现在我知道为什么有这样不负责的批评了，原来庸人都是嫉妒天才的！"

寓意解读

这是著名儿童文学作家金波创作的新寓言。这一故事告诉我们,人贵在有自知之明,无论做什么事,都应该先给自己定一个明确的目标,并时时刻刻朝着目标前进。数学上有一个定律:两点之间,直线最短。目标的作用就是让我们能够径直地由一个点奔向另一个点,避免落得埋头苦干却又一无所获的可悲下场。

蚂蚁的醒悟

蚂蚁的醒悟

有只勤奋的蚂蚁,有一天误入了牛角。蚂蚁很小,弯弯的牛角在它看来就像是一条极其宽阔的隧道。它想,走出隧道,定会是一个草美水丰的洞天福地。可谁料,脚下的路却越走越窄,到后来竟难以容身。因此,蚂蚁不得不停下来进行认真思考。经过一番激烈的思想斗争,它决心掉过头来,重新开始。

这一回,它从牛角尖向牛角口进发。结果它惊喜地发现道路越走越宽广,而且走出牛角后,天空蓝莹莹的,极其高远;地郁郁葱葱的,宛如绿浪滚滚的大海。一时间,它觉得自己就是天上自由飞翔的小鸟儿,大海中随意竞游的小鱼儿。

之后,蚂蚁逢人便说:"当你遇到无法逾越的障碍时,不妨换一种方式,这就像面对一扇无法打开的门一样,换一把钥匙,希望之门或许就会为你敞开。"

寓意解读

　　这则寓言告诉我们,在遇到困难和挫折时,不要轻易放弃,而是应该停下来认真思考一下,尝试用另外的方式去做,这样也许会收到意想不到的效果。

雾的悲哀

雾的悲哀

　　山上有郁郁苍苍的青松,山下有青青翠翠的修竹,山前有软软柔柔的嫩芽,山后有明明亮亮的水波。如此靓丽的山川,引来无数游客,有的用彩笔描绘她的美姿,有的用相机拍摄她的艳容,有的用笔锋记录她的意境。

　　"我让你去美吧!"雾心生妒忌,咬牙切齿地说,接着便抖开她白色的长裙,把山川遮得严严实实。

　　"快来画呀,拍呀!"游客高兴得喊叫起来,"山川时隐时现,如梦似仙,更增添了她的朦胧美,可别错过时机啊!"

　　这时,只见摄影师高举相机,咔嚓咔嚓地按着快门;画家挥舞画笔,刷刷地泼洒着各种色彩;作家紧握笔头嗖嗖地写着心头的感受。他们都迫不及待地想要留下这难得一见的美景。

雾气得浑身颤抖:"真没想到!我原想掩盖山川的美貌,结果反而更美化了她,装饰了她,让游客更喜欢她了。"

寓意解读

这是陈乃祥创作的一则寓言。在我们的生活中,也有很多像雾这样心胸狭窄的人。他们因为嫉妒他人的美丽与成功,一心想丑化他人、伤害他人,可结果却是"竹篮打水一场空",反而让别人更上一层楼。雾的行为是不可取的。这个故事启发我们,当别人有更好的表现时,我们应该衷心地、真诚地赞美别人,为他们的成功喝彩,而不应该一味地嫉妒他人。这则故事也从另一个角度给我们启示:要用一颗清明的、包容的心,去吸收、学习别人的优点和长处,来完善自己,使自己获得进步。

一粒种子

一粒种子

上帝创造了一粒种子,他打算把种子埋进泥土里。他问种子:"你想成为什么植物?"

种子说:"我想变成美丽的花儿。"

上帝笑着说:"好,我这就把你变成美丽的玫瑰花吧!不过,玫瑰花的身上可是有不少尖刺哟!"

种子想了想,接着说:"什么?有尖刺?那我就不想变成玫瑰花了。万能的上帝呀,请您把我变成小草吧!"

上帝又笑了:"好,我会满足你的要求的。小草翠绿可人,漫山遍野,煞是好看,可它也有不尽如人意的地方,它柔弱无力,风一吹就倒伏于地……"

"不行,不行!我也不想成为小草了。"种子尖声地叫了起来。

上帝为难地皱起眉头,说:"这就叫我没有办法了,世界上任何事物都不是完美的。你想完美无缺,那就维持现在这个样子吧!"

这粒种子始终没有能够发芽。

寓意解读

  这是作家张孝成创作的一则寓言。很多时候,我们也会像这粒种子一样,会有很多抱怨。有的人生来相貌普通,就经常抱怨父母,为什么不把自己生得好看一些?有的人稍微遇到一点困难,就抱怨生活对自己不公,为什么困难会落到自己身上?有的人虽然付出了很大的努力,但最终还是失败了,从此就对自己失去了信心。这是多么愚蠢啊!世界上没有人是完美的,对缺陷,我们要正确对待,不能只看到它的不足。

鲤鱼跳龙门

自古以来,就有这么一个传说:鲤鱼只要跳过龙门,就可以变成龙。

鲤鱼跳龙门

鲤鱼的祖宗把跳龙门的事一代一代传下去,告诉自己的子孙,并且鼓励它们去跳龙门。这不仅是出于"望子成龙"的心理,更是因为在鲤鱼家族里如果能有一条鲤鱼成了龙,岂不是全族的光荣?

因此,世世代代,年年月月,鲤鱼们都去跳龙门。可是,没有一条鲤鱼能跳过龙门。河里的乌龟劝告鲤鱼说:"'鲤鱼跳龙门',这是不切实际的痴心妄想。你们应有自知之明,何必去白花力气呀!"

鲤鱼回答说:"不错,我们鲤鱼至今还没有能跳过龙门。但因这样高标准要求自己,锻炼了我们鲤鱼跳跃的本领,所以才能胜过河里所有的水族,登上跳高的冠军宝座。"

寓意解读

虽然鲤鱼们从来没能跳过龙门,但由于它们有如此远大的理想,所以日日夜夜不停地练习跳跃,最终既锻炼了身体,又成为水族的跳高冠军。相反,乌龟因为没有远大的理想,所以它们没有去努力拼搏,最终只能做一个爬得很慢、跳得不高的无名小卒。从故事中我们得到启发,树立远大理想非常重要。哪怕最后我们没有实现远大的理想,仍然会过得很充实,因为在拼搏的过程中,我们会收获很多。

绿洲里的老先生

绿洲里的老先生

一个青年来到绿洲,碰到一位老先生,年轻人便问:"这里如何?"老先生反问说:"你的家乡如何?"年轻人回答:"糟透了!我很讨厌。"老先生接着说:"那你快走,这里和你的家乡一样糟。"

后来又来了另一个青年问同样的问题,老先生也同样反问。年轻人回答说:"我的家乡很好,我很想念家乡的人、花、事物……"老人便说:"这里也是同样的好。"

旁听者觉得诧异,问老先生为何前后说法不一致呢?老先生说:"你要寻找什么你就会找到什么!"

寓意解读

当我们以欣赏的态度去看一件事时,便会看到许多优点;当我们以批评的态度去看时,便会发现无数缺点。

夜郎自大

夜郎自大

汉朝的时候，在西南方有个名叫夜郎的小国家。它虽然是一个独立的国家，可是国土面积很小，百姓也少，物产更是少得可怜。但是由于邻近地区夜郎这个国家最大，从没离开过本国的夜郎国国王就以为自己统治的国家是全天下最大的国家。

有一天，夜郎国国王与部下巡视国境的时候，他指着前方问："这里哪个国家最大呀？"部下们为了迎合国王的心意，于是就说："当然是夜郎国最大啰！"走着走着，国王又抬起头来，望着前方的高山问说："天底下还有比这座山更高的山吗？"部下们回答说："天底下没有比这座山更高的山了。"

后来，他们来到河边，国王又问："我认为这可是世界上最长的河川了。"部下们仍然异口同声回答说："大王说得一点儿都没错。"从此以后，无知的国王就更相信夜郎是天底下最大的国家。

有一次，汉朝派使者来到夜郎，途中先经过夜郎的邻国滇国，滇王问使者："汉朝和我的国家比起来哪个大？"使者一听吓了一跳，他没想到这么一个小国家，竟然无知地自以为能与汉朝相比。却没想到，后来使者到了夜郎国，骄傲又无知的夜郎国国王不知道自己统治的国家只和汉朝的一个县差不多大,竟然也不知天高地厚问使者:"汉朝和我的国家哪个大?"

寓意解读

见识越广的人越懂得谦虚,而见识越短浅的人反而越盲目自大。

美的假象

美的假象

众神之王宙斯想要为鸟类立一个王,他指定一个日期,要求所有的鸟儿全都按时出席,以便选择他们之中最美丽的为王。

所有的鸟儿都跑到河里去梳洗打扮。寒鸦知道自己没一处漂亮,便来到河边,捡起鸟儿们脱落下的羽毛,小心翼翼地全插在自己身上,再用胶粘住。

指定的日期到了,所有的鸟儿都一起来到宙斯面前。宙斯一眼就看见花花绿绿的寒鸦,在所有鸟儿之中显得格外漂亮,准备立他为王。其他的鸟儿十分气愤,纷纷从寒鸦身上拔下本属于自己的羽毛。于是,寒鸦身上美丽的羽毛一下全没了,又变成一只丑陋的寒鸦了。

> **寓意解读**
>
> 借助别人的东西可以得到美的假象,但当那本不属于自己的东西被剥离时,就会原形毕露。

美洲豹和闪电

美洲豹和闪电

当闪电从空中伸出它的"巨爪"时,美洲豹十分惊奇:"你是哪种野兽?"它一步一步地靠近,闪电却没有一点反应。

美洲豹轻蔑地说:"真是一个迟钝的家伙。"随后,它又高声吼叫:"你敢跟我一比高低吗?"

闪电仍默不作声。美洲豹狂妄地大笑:"小子,你害怕了吧?不敢吗?哈哈!"接着,它一会儿蹿到树上,一会儿又跳上岩石,一副不可一世的样子。

闪电终于被激怒了。霎时,天上霹雳阵阵,雷声隆隆。美洲豹被吓坏了,它急忙躲在一棵大树之下,闪电立即把大树劈倒;美洲豹跳到了一块岩石的后面,闪电又把岩石击得粉碎。闪电刺瞎了美洲豹的双眼,震聋了它的双耳。又聋又瞎的美洲豹已经无力再躲,它哀号着,匍匐在地,表示屈服。

这时,闪电教训它说:"现在,你应该明白了吧,没有人可以自夸天下无敌,要知道,强中自有强中手啊!"

寓意解读

这个寓言告诉我们,强中自有强中手,切不可因为自己有些本领便不可一世。

千金买马

千金买马

古代有一位国君,想用千金的代价去买一匹千里马。三年的时间过去了,还是买不到千里马。有一位大臣对国君说:"您把买马的任务交给我吧!"

君主派他出去了三个月,找到了千里马,可马已经死了,他用五百两金子买了那匹马的头,返回报告君主。君主大怒,说:"要你买活马,为什么用五百两金子买死马?"大臣回答说:"死马都要用五百两金子买,何况活马呢?天下的人必然知道君主您是真心买马的,千里马现在快要到了。"

果然不出大臣所料。此后不到一年的时间,接连有好几个人领着千里马来见国君。国君也得到了梦寐以求的千里马。

寓意解读

这个寓言故事告诉我们,不要总是看到眼前利益,应该为长远做打算。

行人和梧桐树

在一个非常炎热的中午,一棵梧桐树正在悠闲地跳着舞。这时候来了几个疲倦的行人,因为天太热了,他们一个个汗流浃背。这几个人看到这棵梧桐树,都不约而同地坐到了梧桐树下面乘凉。

行人和梧桐树

树下面很凉快,这几个人此刻都恢复了平时的风采,争抢着对梧桐树进行评论。他们抬头看了看梧桐树宽大的树叶说:"这树长得挺大,不过有什么用呢?连一个果子也不结,对人几乎没什么益处。"

梧桐树听到他们的话,感到很愤怒:"你们真是不知好歹,现在你们正在我的树荫下乘凉,却又说着我的坏话。"那几个人听了梧桐树的话都羞愧地低下了头。

寓意解读

这个故事告诉我们,有些人不知好歹,即使享受了别人的帮助,也不知道感恩,而且还要贬低别人。

瀑布与温泉

瀑布与温泉

在一座大山的峭壁上,有一处泡沫飞溅的瀑布和一处缓缓流动的温泉。瀑布就像一个彪

形大汉一样,每天咆哮奔腾着,骄傲得不得了。

和它一比,温泉就显得柔弱多了。温泉小小的,几乎看不见流动。但是每天来泡温泉的人却络绎不绝,因为人们都知道,温泉具有恢复健康的作用。

瀑布百思不得其解地对温泉说:"你看看你自己,那么小,水流又那么缓,为什么那些时髦的有钱的太太老爷们都要去你那里呢?要是他们都来我这里,我知道为什么,但是我怎么也想不明白,为什么人们都要到你那里去呢?"

温泉温柔地回答:"因为他们都想要健康的身体啊。"

寓意解读

> 这个故事告诉我们:相对于那些大喊大叫的人,温和的人更容易让人接近。

两只桶

两只桶

有一个酿酒作坊的老板大清早就赶着去送货,他的车上装了两只大桶,一只装了满满一桶美酒,另一只是个空桶,什么都没装。

走在路上,酿酒坊的老板轻轻地哼着歌,那只装满酒的桶安安静静地在车上待着,像一个文静的少女。而另一只桶呢,一路上都蹦蹦跳跳的,还发出咕咚咕咚的响声,酿酒作坊的老板简直都听不到自己的歌声了。

路上的行人害怕那个空桶发出的轰隆隆的声音,都躲得远远的。但是不管这只桶发出多么大的响声,酿酒坊的老板还是更喜欢那只装满美酒的桶。

寓意解读

这个故事告诉我们,凡是把自己做的事情向大家讲个不停的人,他肯定不会有多大的成就。

镜子和猴子

镜子和猴子

从前,在大森林里有一只自以为是的猴子。有一天,这只猴子和一头大熊出去玩,走着走着,忽然发现地上有一面镜子,猴子很好奇,捡起来看了看。这一看不打紧,猴子顿时大叫起来:"熊大哥,你快来看哪!里面这个丑陋的家伙是谁呀?看看那张脸,再看看它的鼻孔和额头,我要是长成这个样子,简直就不能活了!"

大熊走过来一看:"里面就是个毛茸茸的大熊啊!跟我的伙伴们长得一模一样啊。"这时猴子也凑过来,说:"看见了吗?看见了吗?这不就是那个丑陋的家伙嘛!"大熊看了看镜子里面,又看了看猴子,轻轻地跟猴子说:"老兄,我说了你可别生气,这里面不就是你自己嘛!"

寓意解读

我们不能只顾着看别人的短处,而忘了那恰恰也是我们自己的短处呢。

天文学家

天文学家

从前,有一个天文学家在当地很有名,大家都觉得他很有学问。这位天文学家每天晚上都会到外面观察星象。

在一个晴朗的晚上,天文学家又出发了。他来到郊外的空地上,一边走一边仰着头全神贯注地观察天空中星星的变化。天文学家只顾着看天上的星星,却忘记了看脚下的路,不小心掉进了一口脏兮兮的枯井里面。

枯井里面有蜘蛛啊、青蛙啊什么的,他吓得大叫起来:"附近有人吗?快来救救我啊!"附近的村民听见了,都跑过来看。知道他掉进枯井的缘故后,就有人笑话他说:"嘿!我说天文学家,你只顾着观察天上的星星,却没有弄清楚地上的事情啊!"

寓意解读

这个故事是说,人首先要做好地上最普通的事,才能谈天上高深的事。

寒号鸟

寒号鸟

山脚下有一堵石崖,崖上有一道缝,寒号鸟就把这道缝当作自己的窝。石崖前面有一条河,河边有一棵大杨树,杨树上住着喜鹊。寒号鸟和喜鹊面对面住着,成了邻居。

几阵秋风,树叶落尽,冬天快要到了。

有一天,天气晴朗。喜鹊一早飞出去,东寻西找,衔回来一些枯草,就忙着做窝,准备过冬。寒号鸟却整天出去玩,累了就回来睡觉。喜鹊说:"寒号鸟,别睡了,大好晴天,赶快做窝。"

寒号鸟不听劝告,躺在崖缝里对喜鹊说:"傻喜鹊,不要吵,天气暖和,正好睡觉。"

冬天说到就到,寒风呼呼地刮着。喜鹊住在温暖的窝里。寒号鸟在崖缝里冻得直打哆嗦,不停地叫着:"哆啰啰,哆啰啰,寒风冻死我,明天就做窝。"

第二天清早,风停了,太阳暖暖地,好像又是春天了。喜鹊来到崖缝前劝寒号鸟:"趁天晴,快做窝,现在懒惰,将来难过。"

寒号鸟还是不听劝告,伸伸懒腰,答道:"傻喜鹊,别啰唆,天气暖和,得过且过。"

寒冬腊月,大雪纷飞。北风像狮子一样狂吼,崖缝里冷得像冰窖。寒号鸟重复着哀号:"哆啰啰,哆啰啰,寒风冻死我,明天就做窝。"

天亮了,太阳出来了,喜鹊在枝头呼唤寒号鸟。可是,寒号鸟已经在夜里冻死了。

寓意解读

　　由于懒惰和拖延,寒号鸟终于没能抵挡住严寒,冻死了。和它形成鲜明对比的,则是勤快、积极的喜鹊。这个寓言故事告诉我们,在人的一生中,"今天"是多么重要,把握今天就能成就自己。寄希望于明天的人,是一事无成的人。到了明天,后天也就成了明天。今天你把事情推到明天,明天你就会把事情推到后天。一而再,再而三,事情永远做不完。只有那些懂得如何利用"今天"的人,才会在"今天"所创造的成功事业的奠基石上,孕育明天的希望。我们无论做什么事情,都不能像寒号鸟那样一拖再拖,而是要像喜鹊那样,每一天都积极努力地做好该做的事。

揠苗助长

古时候有个人,盼望着自己田里的禾苗长得快些,天天到田边去看。可是一天,两天,三天……禾苗好像一点儿也没长高。他在田里焦急地转来转去,自言自语地说:"我得想办法帮它们长。"

一天,他终于想出了办法,急忙跑到田里,把禾苗一棵一棵往高拔,从中午一直干到太阳落山,累得精疲力竭。

他回到家里,一边喘气一边说:"今天可把我累坏了!力气总算没有白费,禾苗都长高了一大截。"

他的儿子不明白是怎么回事,第二天跑到田里一看,禾苗都枯死了。

寓意解读

事物的发展都有它的规律,纯靠良好的愿望和热情是不够的,很可能事与愿违。这个寓言告诉我们:欲速则不达,心急吃不了热豆腐,凡事必须要尊重自然规律。

最难的学问

最难的学问

一名年轻人兴冲冲地向他的老师讲出游经历:"最近,我在喜马拉雅遇见一位睿智的才人,他能看到不可预测的未来,还把这套绝学传授给了他的弟子。先生,您也懂这个吗?我真想学。"

老人平静地说:"每个人都懂啊,真正困难的学问不是这个。"年轻人不解,问:"那是什么?先生,还有比未卜先知更高深的学问?"

老人回答说:"飞翔的鸟儿、葱郁的林木,人人都能张眼即见,但你能看见自己的睫毛吗?它可是就在你的眼前啊!所以,我要教给弟子的,不是让他们预见朦胧的未来,而是看清鲜活的现在。"

寓意解读

许多人把理想完全给予未来的想象,却往往忽略了当下的努力。

我要的是葫芦

我要的是葫芦

从前,有个人种了一棵葫芦。细长的葫芦藤上长满了绿叶,开出了几朵雪白的小花。花谢以后,藤上挂了几个小葫芦。多么可爱的小葫芦啊!那个人每天都要去看几次。

有一天,他看见叶子上爬着一些蚜虫,心里想,有几个虫子怕什么!他盯着小葫芦自言自语地说:"我的小葫芦,快长啊,快长啊!长得赛过大南瓜才好呢!"

一个邻居看见了,对他说:"你别光盯着葫芦了,叶子上生了蚜虫,快治一治吧!"那个人感到很奇怪,说:"什么?叶子上的虫还用治?我要的是葫芦。"

没过几天,叶子上的蚜虫更多了。小葫芦慢慢地变黄了,一个一个都落了。

寓意解读

这是一篇有趣的寓言故事,它告诉我们:做事情要注意事物之间的联系。

千镜之屋

很久以前,在一个遥远的小村庄里,有一个被称为"千镜屋"的地方。

千镜之屋

一只快乐的小狗听说了这个地方,于是决定前去参观。当它来到这个地方的时候,就欢快地蹦跳着上了台阶。来到房门口,它高高地竖起耳朵,欢快地摇着尾巴,从门口往里张望。使它大为惊讶的是,它发现有1 000只欢乐的小狗也在像它一样快速地摇着尾巴。它灿烂地微笑着,回报它的也是1 000张热情、友好的灿烂笑脸。离开房屋时它心想:"这真是一个奇妙的地方,以后我一定要经常来参观。"

在同一个村子里还有另一只小狗,它也想参观"千镜屋"。但它远不及第一只小狗那么快活,所以,它慢吞吞地爬上台阶,然后耷拉着脑袋往里看。一看到有1 000只小狗在不友好地盯着它,它便冲它们狂吠。镜中的1 000只小狗也冲着它狂吠,这把它给吓坏了。离开时它心想:"这真是个恐怖的地方,以后我再也不来了。"

世界上所有的脸都是镜子,在你遇见的人的脸上,你看到反射出来的是什么?

寓意解读

世界在我们眼前的样子,来源于我们的内心。环境是一面可以变换的镜子,随时可以照出人的心境。

一朵不结果的桃花

一朵不结果的桃花

春天,桃花盛开。

蜜蜂飞到花丛里,忙碌地采蜜授粉。桃花都张开笑脸,欢迎蜜蜂的光临,并且把自己最好的花蜜送给蜜蜂,作为对它们授粉的酬谢。

只有一朵桃花,非常自私,舍不得给蜜蜂一点儿花蜜。当蜜蜂飞到它的花蕊中时,它便大骂大叫:

"去,去,去!你们这些讨厌的家伙,别想从这儿得到一点儿好处!"同时拼命摇动花枝,把蜜蜂赶跑了。

后来,其他的桃花都结成了硕大的桃子,只有这朵桃花可怜地凋谢了,没有结果。

寓意解读

这个故事告诉我们,自私和吝啬不仅会失去朋友,同时也会毁掉自己。

迎客松的回答

迎客松的回答

被誉为"天下第一奇山"的黄山,以奇松、怪石、云海、温泉"四绝"闻名于世。迎客松在玉屏楼左侧,倚狮石破石而生,树龄已有八百多年。人们都喜欢在迎客松旁边摄影留念。

山鹰在迎客松上空盘旋,感慨地说:"黄山上的松树多得数也数不清,它们形态各异,各具特色,人们为什么对你情有独钟?是因为你有八百多年的树龄,还是因为你雍容大度、姿态优美?"

迎客松微微一笑,对山鹰说:"八百年以上树龄的松树还有许多,雍容大度、姿态优美的松树也有不少呢!"

山鹰疑惑不解地说:"那么,人们为什么特别喜欢你,见到你就像见到久别的亲人一样欣喜若狂?"

迎客松在微风中晃动着向一侧伸展的枝丫,说:"不论春夏秋冬,不管刮风下雨,我总是伸出自己的臂膀,热情欢迎远道而来的每一位客人。不管客人来自何方,不分尊卑,我都一样热烈欢迎,让大家都有宾至如归的感觉。"

山鹰恍然大悟,说:"哦,我明白了,你之所以格外惹人喜爱,是因为你长年累月始终热情地伸展着自己的手臂。无论男女老少,他们都为你满腔的热情和彬彬有礼的举止所感动。"

彬彬有礼是高贵品格中最美丽的花朵。

寓意解读

彬彬有礼不仅是内心的修养,也是外在的一种态度。不分高低贵贱的一视同仁,就是自己品德的高贵。

大松树的忠告

大松树的忠告

山坡上有一块巨大的岩石,岩石缝中生长着一大一小两棵松树。小松树叹了一口气,对旁边的大松树说:"你看,前面那些生长在泥土中的松树,他们可以尽情地汲取泥土中的水分和营养,生活得舒舒服服。我和你的根扎在这狭窄的岩石缝隙中,很少有水分和营养,生活格外艰难。我和你真倒霉,命苦啊!"

大松树对小松树说:"我们的生存条件确实很差,无法和那些生长在泥土中的松树相比。命运很不公平,但这是没有办法的事啊!"

小松树愤愤不平地说:"当初不知是风把松子吹进岩石缝隙的,还是谁把松子丢在这儿的!在这该死的岩石缝隙中生活,真是度日如年啊!"

大松树说:"说这些话毫无意义,既然我们长在这里了,就应该有一个好的心态,快快乐乐地生活。"

小松树说:"如果有一天,这块巨大的岩石突然变成一堆松软的泥土,我们就可以生活得舒舒服服了。"

大松树对小松树说:"我给你一个忠告,不要老是埋怨命运,每天埋怨一千次也毫无用处。不要总希望让环境来适应你,那只是美好的梦想。要以积极的态度面对残酷的现实,用自己的改变来适应环境,这才是最重要的。"

寓意解读

当我们不能改变环境的时候,可以尝试改变自己去适应环境。

孔融让梨

孔融让梨

东汉鲁国,有个名叫孔融的孩子,十分聪

明,也非常懂事。孔融有五个哥哥、一个小弟弟,兄弟七人相处得十分融洽。有一天,孔融的母亲买来许多梨,一盘梨放在桌上,哥哥们让孔融和最小的弟弟先拿。孔融看了看盘子中的梨,发现梨子有大有小。他不挑好的,不拣大的,只拿了一只最小的梨子,津津有味地吃了起来。父亲看见孔融的行为,心里很高兴,心想:别看这孩子刚刚四岁,却懂得应该把好的东西留给别人的道理呢!于是他故意问孔融:"盘子里这么多的梨,又让你先拿,你为什么不拿大的,只拿一个最小的呢?"孔融回答说:"我年纪小,应该拿个最小的,大的应该留给哥哥吃。"爸爸接着问道:"你弟弟不是比你还要小吗?照你这么说,他应该拿最小的一个才对呀?"孔融说:"我比弟弟大,我是哥哥,我应该把大的留给小弟弟吃。"父亲听他这么说,哈哈大笑道:"好孩子,好孩子,你真是一个好孩子!以后一定会很有出息!"

寓意解读

孔融让梨一直都是美谈,让梨也是一种美德。我们从小就要向孔融学习,养成尊老爱幼的习惯。我们也需要将让梨精神在生活中得以落实,这才是对谦让美德的真正尊重与重视。

破缸救人

破缸救人

司马光是北宋时期最有名望的大臣之一,他是山西夏县人。他的名声,从幼小的时候就已经传开了。据说他七岁那年,就开始专心读书。无论是三伏暑天,还是数九寒冬,他总是捧着书不放,有时候连吃饭喝水都忘了。他不但读书用功,而且还很机灵。有一次,他跟小伙伴们在院子里玩耍,院子里有一口大水缸,有个小孩爬到缸沿上,一不小心,掉到缸里。缸大水深,眼看那孩子快要没过头顶了。别的孩子一见出了事,吓得一边哭喊,一边往外跑,找大人来救。司马光不慌不忙,顺手从地上拾起一块大石块,使尽力气朝水缸砸去。"砰"的一声,水缸破了,缸里的水流了出来,被淹在水里的小孩得救了。

这件偶然的事情,使幼小的司马光出了名,东京和洛阳有人把这件事情画成图画,广泛流传。

寓意解读

按常理说解救一个落缸者最直接的办法无疑是拉人出缸或者跳进缸中救人,但这对于小孩来说显然是行不通的,而如果去找大人来救恐怕时间就来不及了。此时司马光敏锐地认识到最急迫也最关键的问题在于防止同伴溺水而亡,而不在于救人出缸,砸缸泄水无疑是相当机灵和理智的选择。

望洋兴叹

望洋兴叹

秋天来到,天降大雨,无数细小的水流汇入黄河。只见波涛汹涌,河水暴涨,淹没了河心的沙洲,浸灌了岸边的洼地,河面陡然变宽。隔水远望,连河对岸牛马之类的大牲畜也分辨不清了。眼前的景象多么壮观啊,河伯以为天下的水都汇集到他这里来了,不由洋洋得意。他随着流水向东走去,一边走一边观赏水景。他来到北海,向东一望,不由大吃一惊,只见水天相连,不知道哪里是水的尽头。

河伯呆呆地看了一阵子,才转过脸来对着大海感慨地说:"俗话说,'道理懂得多一点的人,便以为自己比谁都强。'我就是这样的人啊!"

寓意解读

不见高山,不显平地;不见大海,不知溪流。山外有山,天外有天。这个寓言告诉我们,每个人其实都是很渺小的,千万不要自以为是。

朝三暮四

战国时代,宋国有一个养猴子的老人,他在家中的院子里养了许多猴子。日子一久,这个老人和猴子竟然能沟通讲话了。这个老人每天早晚都分别给每只猴子四颗栗子。几年之后,老人的经济

朝三暮四

越来越不宽裕,而猴子的数目却越来越多,所以他就想把每天的栗子由八颗改为七颗。于是他和猴子们商量说:"从今天开始,我每天早上给你们三颗栗子,晚上还是照常给你们四颗栗子,不知道你们同不同意?"猴子们听了,都认为早上怎么少了一颗?于是一个个就开始吱吱大叫,而且还到处跳来跳去,好像非常不愿意似的。老人一看到这个情形,连忙改口说:"那么,我早上给你们四颗,晚上再给你们三颗,这样该可以了吧?"猴子们听了,以为早上的栗子已经由三个变成四个,跟以前一样,就高兴地在地上翻滚起来。

寓意解读

　　这个故事源于《庄子·齐物论》。其实栗子的总数没有变,只是分配方式有所变化,猴子们就转怒为喜。那些追求名和实的理论家,总是试图区分事物的不同性质,而不知道事物本身就有同一性,最后不免像猴子一样,被朝三暮四和朝四暮三所蒙蔽。朝三暮四的原意是指实质不变,用改换名目的方法使人上当。后来,朝三暮四逐渐演变为没有原则,反复无常。

猴子捞月

一群猴子在林子里玩耍,它们有的在树上蹦蹦跳跳,有的在地上打打闹闹,好不快活。它们中的一只小猴独自跑到林子旁边的一口井旁玩耍,它趴在井沿,往井里边一伸脖子,忽然大叫起来:"不得了啦,不得了啦!月亮掉到井里去了!"原来,小猴看到井里有个月亮。

一只大猴听到叫声,跑到井边朝井里一看,也吃了一惊,跟着大叫起来:"糟了,糟了!月亮掉到井里去啦!"它们的叫声惊动了猴群,老猴带着一大群猴子都朝井边跑来。当它们看到井里的月亮时,都一起惊叫起来:"哎呀完了,哎呀完了!月亮真的掉到井里去了!"猴子们叽叽喳喳地叫着、闹着。最后,老猴说:"大家别嚷嚷了,我们快想办法把月亮捞起来吧!"众猴都义不容辞地响应老猴的建议,加入捞月的队伍中。

井旁边有一棵老槐树,老猴率先跳到树上,自己头朝下倒挂在树上,其他的猴子就依次一个一个你抱我的腿,我勾你的头,挂成一长条,头朝下一直深入井中。小猴子体轻,挂在最下边,它的手伸到井水中,都可以抓住月亮了。众猴想,这下我们总可以把月亮捞上来了!它们很是高兴。

小猴子将手伸到井水中，对着明晃晃的月亮一把抓起，可是除了抓住几滴水珠外，怎么也抓不到月亮。小猴这样不停地抓呀、捞呀，折腾了老半天，依然捞不着月亮。

倒挂了半天的猴子们觉得很累，都有点支持不住了。有的开始埋怨说："快些捞呀，怎么还没捞起来呢？"有的叫着："妈呀，我挂不住啦！挂不住啦！"

老猴子也渐渐腰酸腿疼，它猛一抬头，忽然发现月亮依然在天上，于是它大声说："不用捞了，不用捞了，月亮还在天上呢！"

众猴都抬头朝天上看，月亮果真好端端在天上呢！

由于众猴不了解井中月亮的真相，以假当真，所以空忙一场，真是又愚蠢又可笑。

寓意解读

我们应该有所追求，但是不能盲目地追求。我们佩服猴子们的好奇与执着，但是，南辕北辙可不是什么值得赞扬的事情！很多人的理想很远大，但是努力的方向不正确，结果理想如镜中花、水中月，最终只能落得个竹篮打水一场空。

盲人摸象

很久很久以前,印度有一位国王,他心地善良,很乐意帮助别人,对臣民们也是如此。

有一次,几个盲人相携来到王宫求见国王。国王问他们说:"有什么事我可以帮你们的吗?"盲人们答道:"感谢国王陛下的仁慈。我们天生就什么也看不见,听人家说,大象是一种个头巨大的动物,可是我们从来没有见过,很是好奇,求陛下让我们亲手摸一摸象,也好知道象究竟是什么样子的。"

国王欣然答应,就命令手下的大臣说:"你去牵一头大象来让这几个盲人摸一摸,也好了结了他们的心愿。"大臣遵命去了。

不一会儿,大臣便牵着大象回来了,"象来了,象来了,你们赶快过来摸吧!"

于是,几个盲人高高兴兴地各自向大象走了过去。大象实在太大了,他们几个人有的摸到了大象的鼻子,有的摸到了大象的耳朵,有的摸到了大象的牙齿,有的碰到了大象的身子,有的触到了大象的腿,还有的抓住了大象的尾巴。他们都以为自己摸到的就是大象,便仔仔细细地摸索和思量起来。

过了好一会儿,他们都摸得差不多了。国王问道:"现在你们明白大象是什么样子的了吗?"盲人们齐声回答:"明白了!"国王说:"那你们都说说看。"

摸到象鼻子的人说:"大象又粗又长,就像一根管子。"摸到象耳朵的人忙说:"不对不对,大象又宽又大又扁,像一把扇子。"摸到象牙的人驳斥说:"哪里,大象像一根大萝卜!"摸到象身的人说:"大象明明又厚又大,就像一堵墙一样嘛。"摸到象腿的人也发表意见道:"我认为大象就像一根柱子。"最后,抓到象尾巴的人慢条斯理地说:"你们都错了!依我看,大象又细又长,活像一条绳子。"

盲人们谁也不服谁,都认为自己一定没错。就这样,他们吵了个没完没了。

寓意解读

我们认识事物,一定要多角度、多方面地去考察,才能有最全面的了解。如果只知道个局部就以为自己已经全明白了,从而片面地看待事物,就不免会闹出盲人摸象这样的笑话来。

愚公移山

很久很久以前,在王屋、太行两座大山的山脚下,住着一户人家。家中的主人叫愚公,已经快90岁了。由于交通阻塞,与外界交往要绕很远很远的路,很不方便。为此,他将全家人召集到一起,共同商议解决的办法。愚公提议:"我们全家人齐心合力,共同来搬掉屋门前的这两座大山,开辟一条直通豫州南部的大道,一直到达汉水南岸。你们说可以吗?"大家七嘴八舌地表示赞同这一主张。

这时,只有愚公的老伴有些担心,她瞧着丈夫说:"靠你的这把老骨头,恐怕连魁父那样的小山丘都削不平,又怎么对付得了太行和王屋这两座大山呢?再说了,你每天挖出来的泥土、石块,又往哪儿搁呢?"儿孙们听后,争先恐后地抢着回答:"将那些泥土、石块都扔到渤海去不就行了吗?"

决心既下,愚公立刻率领子孙三人挑上担子,扛起锄头,干了起来。他们砸石块,挖泥土,用藤筐将其运往渤海湾。他家有个邻居是寡妇,寡妇有一个七八岁的小男孩,也蹦蹦跳跳地赶来帮忙,工地上好不热闹!任凭寒来暑往,愚公祖孙很少回家休息。

不久,消息传到了邻近村子里一个叫智叟的老人的耳朵里。他觉得愚公率子孙每天辛辛苦苦地挖山十分可笑。

他劝阻愚公说:"你也真是傻帽到家了!就你这一大把年纪,恐怕连山上的一棵树也撼不动,又怎么能搬走这两座山呢?"

愚公听了以后,不禁长长地叹了一口气。他对智叟说:"你的思想呀,简直是到了顽固不化的地步,还不如那位寡妇和她的小儿子呢!当然,我的确是活不了几天了,可是,我死了以后有儿子,儿子又生孙子,孙子还会生儿子,这样子子孙孙生息繁衍下去,是没有穷尽的。而眼前这两座山却是再也不会长高了,只要我们坚持不懈地挖下去,还愁挖不平吗?"面对愚公如此坚定的信念,智叟无言以对。

当山神得知这件事后,害怕愚公每天挖山不止,就去禀告上帝。上帝被愚公的精神感动了,于是就派两个大力士来到人间,将这两座山给背走了。

寓意解读

这篇中国老百姓家喻户晓的寓言故事告诉我们:智叟孤立而静止地看待愚公之老和太行、王屋两山之高,其实无"智"可言;而愚公能用发展的眼光洞悉子孙无穷与山高有限,又怎么能说是"愚"呢?要想干成一番事业,就应像愚公那样充满信心,有顽强的毅力,不惧艰难险阻,坚持不懈地干下去,不达目的誓不罢休。

鲲鹏与蓬雀

传说古代在很远很远的北方,大地以草木为毛发,而有个地方气候异常寒冷,草木不生,于是人们把那个地方叫"穷发"。

在那个草木不生的地方,有一片大海,是大自然造就的一片辽阔的水域。在这片水域中,生活着一条硕大无比的鱼,这条鱼的身体有几千里宽,而它的身体有多长呢,谁也说不清楚。这条大鱼的名字就叫作鲲。有一天,这条大鱼变成了一只鸟,也同样是大得不可思议。这只鸟的脊背像泰山那样高大,双翅一展,就像是挂在天空的云彩遮住了半个天空,这只鸟名叫鹏。

这只大鹏鸟打算从北海飞到南海一游,它扇动起两个巨大的翅膀,盘旋直冲天空而形成一股狂风。大鹏鸟直飞到九万里的高空,那是一个连云气都达不到的地方。大鹏的脊背几乎是紧靠着青天的,然后它再准备朝南海的方向飞去。

有一群小蓬雀活动在一片灌木丛中,整天聚集在蓬刺矮树间跳来跳去、叽叽喳喳,倒也自得其乐,十分满足。当它们听说了大鹏鸟上飞高空九万里的事情后,十分惊讶与困惑,它们嚷嚷道:"简直是发了疯了,发了疯了!它干吗要飞那么高呢?它到底想干什么呢?"其中一只蓬雀以一种批评家的口气说:"我跳跃着向上一飞,也不过几丈高就落了下来,我在灌木丛中飞来飞去,悠然自得,这就是世界上最好的飞翔了,那只奇怪的大鹏干吗要飞那么高呢?飞那么高有什么意义呢?"

寓意解读

这些胸无大志的蓬雀不但不能理解壮志凌云的鲲鹏,反而还讥笑它,这真是小和大的鸿沟、愚蠢和智慧的区别啊!

俱亡其羊

臧和谷两个人都是给财主家放羊的牧童。因为家境贫寒,这两个孩子刚过记事的年龄就走上了与自己父母一样的为财主卖命的人生道路。开始放羊的时候,他们把羊看成和鸡、鸭、猪一样可供驱赶的玩物,觉得和这些畜、禽相处挺有意思。山坡、路旁和荒野的青草绿茵,河渠、池塘的碧波涟漪,头顶上五彩缤纷的骄阳、蓝天和白云,以及充斥在大自然各个角落的清新空气,使这两个孩子与世上的万物和谐地融于一个时空。他们像那些家禽和家畜,五谷和百花、山间的石头和河里的水珠,以及一切有生命和无生命的存在一样,不为自己的处境而担忧。

然而，他们毕竟是人。每当臧和谷看到富家子弟念书、玩乐时，心里总是非常羡慕。经过一番琢磨，其中的一个孩子找人去借了一本书。他利用晚上的时间向别人学习认字，而在白天放羊的时候则拿出随身所带的书来练字、复习。另一个孩子用竹子削了一些色(shǎi)子，放羊的时候，坐在草地上，聚精会神地玩着掷色子的游戏。色子在地面上显示着变幻莫测的点数。一个穷孩子独自一人掷色子，居然也享受到了和下棋对弈相同的乐趣。

有一天太阳快下山的时候，臧和谷想起了要赶羊回家。他们把羊唤拢一点数，发现各自都丢失了一些羊。这两人回去以后，财主问他们放羊的时候干什么去了。一个回答说当时在看书，另一个回答说当时在掷色子。两个孩子丢羊的时候做的事虽然不同，但是他们丢失了羊的结果却完全一样。

寓意解读

这篇寓言的本意是宣扬返璞归真、无为而治的思想，但它也说明了单凭主观热情，而不顾事物的固有特性，也可能好心办坏事。一个人从事某项工作，必须忠于职守，全神贯注，否则就容易出差错。至于臧和谷是因为年纪幼小，渴望得到学习和娱乐的机会才导致犯错误，则应另当别论。

买椟还珠

一个楚国人,他有一颗漂亮的珍珠,他打算把这颗珍珠卖出去。为了卖个好价钱,他便动脑筋想把珍珠好好包装一下。他觉得有了高贵的包装,那么珍珠的"身份"就自然会高起来了。

这个楚国人找来名贵的木兰,又请来手艺高超的匠人,为珍珠做了一个盒子(即椟),用桂椒香料把盒子熏得香气扑鼻。然后,在盒子的外面精雕细刻了许多好看的花纹,还镶上漂亮的金属花边,看上去闪闪发亮,实在是一件精致美观的工艺品。这样,楚人便将珍珠小心翼翼地放进盒子里,拿到市场上去卖。

到市场上不久,很多人都围上来欣赏楚人的盒子。一个郑国人将盒子拿在手里看了半天,爱不释手,终于出高价将楚人的盒子买了下来。郑人交过钱后,便拿着盒子往回走。可是没走几步他又回来了。楚人以为郑人后悔了要退货,谁知却见郑人把盒子里的珍珠取出来交给楚人说:"先生,您将一颗珍珠放在盒子里了,我特意回来还珠子的。"于是郑人将珍珠交给了楚人,然后低着头一边欣赏着木盒子,一边往回走。

楚人拿着被退回的珍珠,十分尴尬地站在那里。他原本以为别人会欣赏他的珍珠,可是没想到精美的外包装的价值超过了包装盒内物品的价值,以至于"喧宾夺主",令楚人哭笑不得。

寓意解读

人的眼睛只盯着那只精美的盒子,结果却丢掉了真正有价值的珍珠。可见,做什么事情都要分清主次,否则就会像这位"买椟还珠"的郑人那样做出舍本逐末、取舍不当的傻事来。而楚人的"过度包装"也有些可笑,过分注重外表,使外包装的价值高于珍珠的价值,难怪会让人沉迷于外包装而忽视内在的本质。

驼背翁捕蝉

孔子带领学生去楚国采风。他们一行人从树林中走出来,看见一位驼背翁正在捕蝉。他拿着竹竿粘捕树上的蝉就像在地上拾取东西一样自如。

"老先生捕蝉的技术真高超。"孔子恭敬地对老翁表示称赞后问:"您捕蝉想必是有什么妙法吧?"

"方法肯定是有的,我练捕蝉五六个月后,在竿上垒放两粒粘丸而不掉下,蝉便很少有逃脱的;如垒三粒粘丸仍不落地,蝉十有八九会被捕住;如能将五粒粘丸垒在竹竿上,捕蝉就会像在地上拾东西一样简单容易了。"捕蝉翁说到此处捋捋胡须，严肃地对孔子的学生们传授经验。他说："捕蝉首先要练站功和臂力。捕蝉时身体定在那里，要像竖立的树桩那样纹丝不动；竹竿从胳膊上伸出去，要控制竹竿不颤抖。另外，注意力要高度集中，无论天大地广，万物繁多，在我心里只有蝉的翅膀。精神到了这种境界，捕起蝉来，还能不手到擒来，得心应手吗？"

大家听完驼背老人捕蝉的经验之谈后，无不感慨万分。孔子对身边的弟子深有感触地说："神情专注，专心致志，才能出神入化，得心应手。捕蝉老翁讲的可是做人办事的大道理啊！"

寓意解读

> 驼背翁捕蝉的故事向我们昭示了一个真理：学好任何本领都需苦练扎实的基本功，专心致志，日积月累，才能取得真功。

望梅止渴

有一年夏天，曹操率领部队去讨伐张角。天气热得出奇，骄阳似火，天上一丝云彩也没有，部队在弯弯曲曲的山道上行走，两边密密的树木和被阳光晒得滚烫的山石让人透不过气来。到了中午时分,士兵的衣服都湿透了,行军的速度也慢了下来,有几个体弱的士兵竟晕倒在路边。

曹操看行军的速度越来越慢,担心贻误战机,心里很是着急。可是,眼下几万人马连水都喝不上,又怎么能加快速度呢?他立刻叫来向导,悄悄问他:"这附近可有水源?"向导摇摇头说:"泉水在山谷的那一边,要绕道过去,还有很远的路程。"曹操想了一下说:"不行,时间来不及。"他看了看前边的树林,沉思了一会儿,对向导说:"你什么也别说,我来想办法。"他知道此刻即使下命令要求部队加快速度也无济于事。脑筋一转,办法来了,他一夹马肚子,快速赶到队伍前面,用马鞭指着前方说:"士兵们,我知道前面有一大片梅林,那里的梅子又大又好吃,我们快点赶路,绕过这个山丘就到梅林了!"士兵们一听,仿佛梅子已经吃到嘴里一样,精神大振,步伐不由得加快了许多。

寓意解读

望梅止渴讲了一个典型的心理暗示的作用,原意是梅子酸,人想吃梅子就会流涎,因而止渴。后比喻愿望无法实现,用空想安慰自己。

不同的"偷"之道

从前有这样两户人家,一家是齐国人,姓国,十分富有;一家是宋国人,姓向,非常贫穷。姓向的听说姓国的很有钱,便专程从宋国跑到齐国,向姓国的请教致富的方法。

姓国的告诉他说:"我之所以发家致富,是因为我很善于'偷'。我只用了一年的工夫就有了吃穿;两年下来就相当富足;三年过后,我的土地成片、粮食满仓,我成了方圆百里的大户。从那时起,我便向乡邻施舍财物,大家都得到了我的好处。"

姓向的人听了十分高兴。可是他以为姓国的致富走的是偷盗这条路,他以为"偷"就是到处翻越别人家的院墙,撬开别人家的房门,凡是眼睛所看到的、手能拿到的,就可以拿走归自己所有。于是他回家以后,到处偷窃。没过多久,他因被人查出了赃物而判罪。姓向的人不但清退了全部赃物,而且还被判罚没收以前积累的所有家产。

姓向的把自己的失败归咎于姓国的欺骗,于是就到齐国去,找到姓国的,责备他说:"你骗我,我去偷怎么就犯法了呢?"

姓国的听了哈哈大笑,说:"你是怎么去偷的呀?"

姓向的把自己翻墙打洞,偷盗别人家财产的经过讲给姓国的听,姓国的又好气又好笑地对他说:"嗐,你真是太糊涂了!你根本没弄懂我所说的'善于偷盗'是什么意思。现在我仔细告诉你吧。人都说天有四季变化,地有丰富的出产,我偷的就是这天时和地利呀!雨水雾露、山林特产和湖泽的养殖可以使我的庄稼长得很好,房舍建得很美。我在陆地上能'偷'到飞禽走兽,在有水的地方能'偷'到鱼虾龟鳖。无论是庄稼、土木还是禽兽、鱼虾龟鳖,这些东西都是大自然的产物,并不是我原本所有的。我依靠自己的辛勤劳动,向自然界索取财富,当然不会有罪过,也不会有灾祸。可是,那些金银宝石、珍珠宝贝、粮食布匹,却是别人积累起来的财富,你用不劳而获的手段去占有别人的劳动成果就是犯罪。你因偷盗罪而受到了处罚,那又能怪谁呢?"

姓向的听了这番话,惭愧得一句话也说不出来了。

寓意解读

明智的人懂得如何用辛勤的劳动、用自己的双手去向大自然索取,创造财富;愚蠢的人才会想到用非法手段,走"捷径"去攫取别人的劳动成果使自己富有,这种人,终归是要栽跟头的。

薛谭学唱歌

古时候有个叫薛谭的人，喜欢唱歌，但他唱的歌不太好听。薛谭拜当时唱歌唱得非常好的秦青为老师。秦青很耐心地教他，告诉他应该怎样练声，怎样唱出节拍，怎样在唱歌时投入情感等。薛谭学了一段时间后，他唱的歌好听多了，但他还没有把秦青的本领全部学到手，却自以为学会了，可以出师了，便向秦青提出要告辞回家。

秦青听到薛谭不打算继续学习而要告辞回家的意思后，也不劝阻他。就在薛谭临行的那天，秦青在郊外的大路旁摆酒为他送行。当饮完临别酒后，秦青对着薛谭唱起了送别的歌曲。秦青的歌声时而慷慨悲壮，在树林中萦绕，树木都仿佛被这抑扬动听、悲壮激昂的歌声震动了；时而优美动听、婉转洪亮，在天空中回荡，连天上的云彩也仿佛是被什么阻挡住，不浮动了，伫立在天空静听着。

听到秦青为自己送行唱的歌一会儿慷慨悲壮，抑扬动听，一会儿优美洪亮，婉转悠扬，薛谭这才意识到自己还没有学完秦青老师的全部技术，自己唱的歌远不及老师唱得好，内心感到非常惭愧。于是薛谭忙向秦青道歉，请求回到老师身边继续学习深造。从此以后，薛谭再没有提起回家的事了。

寓意解读

这一寓言故事告诉我们：学无止境。要想真正学有所成，就不能只满足于一知半解，否则便不会有任何成就。所阐述的道理是：对于任何事物，满足于一知半解是可怕的，对所学的知识满足与浅尝辄止是十分有害的。

文中薛谭能及时认识到自己的不足，请求老师原谅，表示将继续学习，是值得称赞的。古语云："知错能改，善莫大焉！"

纪昌学射

甘蝇是古代有名的神箭手。只要他一拉弓，射兽兽倒，射鸟鸟落。飞卫是甘蝇的学生，由于勤学苦练，他的箭术超过了老师。

有个人名叫纪昌，慕名来拜飞卫为师。飞卫对他说："你先要学会在任何情况下都不眨眼睛。有了这样的本领，才能谈得上学射箭。"

纪昌回到家里，就仰面躺在他妻子的织布机下，两眼死死盯住一上一下快速移动的机件。两年以后，即便拿着针朝他的眼睛刺去，他也能一眼不眨了。

纪昌高兴地向飞卫报告了这个成绩。飞卫说："光有这点本领还不行,还要练出一副好眼力。极小的东西你能看得很大,模糊的东西你能看得一清二楚。有了这样的本领,才能学习射箭。"

纪昌回到家里,就捉了一只虱子,用极细的牛尾巴毛拴住,挂在窗口。他天天朝着窗口目不转睛地盯着虱子瞧。十多天过去了,那只因干瘪而显得更加细小的虱子,在纪昌的眼睛里却慢慢地大了起来。练了三年以后,这只虱子在他眼睛里竟有车轮那么大。他再看稍大一点的东西,简直就像一座座小山似的,又大又清楚。纪昌就拉弓搭箭,朝着虱子射去。那支利箭竟直穿虱子的中心,而细如发丝的牛尾巴毛却没有被碰断。

纪昌高兴极了,向飞卫报告了这个新的成绩。飞卫连连点头,笑着说:"功夫不负有心人,你成功啦!"

寓意解读

通过纪昌学射的故事,我们可以认识到学好基本功的重要性。学习任何知识和技艺,都必须有顽强的毅力,由浅入深,循序渐进,打下扎扎实实的基础,才会有真正的提高。不费力气的"窍门""捷径"是没有的。

我们阅读寓言故事,主要是从寓言说明的道理中接受启发和教育。对故事中描述的具体做法,不要随便模仿,比如像纪昌那样去锻炼眼力,弄得不好,反而会收到相反的效果。

楚人学齐语

春秋时期,在现在河南省境内有一个小国叫"宋"。宋国大夫戴不胜比较开明,很关心国事,很想让宋国国君多理朝政,就是不知道该怎样劝说宋王才好。戴不胜知道孟子很有见识,他很佩服孟子,也很想向孟子请教。有一次孟子到宋国,戴不胜大夫很恭敬地接待了孟子,向孟子请教说:"您是很有学问的人。请您告诉我,怎样才能劝说一个国家的国君把自己的全部精力用来管理国家,多为国家办些好事呢?"

孟子想了一会儿,微笑着不紧不慢地说道:"这话看怎么说,比如说,有位楚国大夫很想让自己的儿子学说齐国话,您看是请齐国人教他好呢,还是请楚国人教他好呢?"戴不胜回答说:"那当然是请齐国人教他好啊!"孟子笑了一下,接着说:"即使请来一个齐国人,并且很耐心地教他说齐国话,然而他周围的人觉得很稀奇,整天来干扰他,吵吵闹闹难得安静。在这种情形之下,哪怕用鞭子抽打他,逼迫他学齐国话,他仍然是学不会的。如果把他带领到齐国去,并且在齐国都城最有名、最繁华的街巷里住下来学讲齐国话。几年以后,他的齐国话学会了,讲得很好了,到那时再要他说楚国话,假若也用鞭子天天抽打他,要他说楚国话,那也是很困难的了。"

听了孟子一席话以后,戴不胜终于明白过来:在宋国,国王周围的大夫少有好人,在太多品行不正的大夫的谗言欺骗下,也难怪宋国国君会变得无道啊!

寓意解读

> 这一寓言的寓意是:环境对一个人的影响很大。人要认识一种事物、掌握一门知识,最好的办法就是生活在那个事物的环境中,实践于那门知识中。正所谓:近朱者赤,近墨者黑。环境,特别是身边的人对一个人的影响是非常大的。学习语言是这样,学习其他知识也是这样,道德品质修养也是如此。

两个青年学棋

有两个青年人想学下棋。他们听说奕秋是全国最有名的棋手,就相约来到奕秋这里,拜奕秋为师学下棋。

由于这两个学下棋的青年人学习时用心程度不一样,最后学习的结果也就不一样。其中一个人学下棋时全神贯注地听奕秋讲解下棋的技艺。因为他听讲时思想集中,学得快,懂得深,下棋的技巧也掌握得很熟练,后来成了一名出色的棋手。另一个学下棋的青年人则不同,每当奕秋讲棋的时候,他虽然也坐在那里听,可是思想却开了小差,总觉得有天鹅快要飞过来了,待天鹅飞近时该如何拿弓,如何搭箭,如何瞄准,然后再如何放箭,向最大的天鹅射去,等等。这个青年人虽然和前一个青年人同在一起学习下棋,但由于他思想不集中,并且沉思在遐想之中,结果学习的效果远不如前一个全神贯注、用心学习下棋的青年人。

难道说,是后一个青年人在才智上不如前一个青年人吗?当然不是!

寓意解读

> 这个故事告诉我们,学习必须专心。只有全神贯注、用心学习的人才会学好本领。在学习上三心二意、极不专心的人是学无所成的。

心不在马

心不在马

赵襄王向王子期学习驾车技巧,刚刚入门不久,他就要与王子期比赛,看谁的马车跑得快。可是,他一连换了三次马,比赛三场,每次都远远地落在王子期的后面。

赵襄王这下可不高兴了,于是,他叫来王子期,责问道:"你既然教我驾车,为什么不将真本领完全教给我呢?你难道还想留一手吗?"

王子期回答说:"驾车的方法、技巧,我已经全部教给大王了。只是您在运用的时候有些舍本逐末,忘却了要领。一般说来,驾车时最重要的是使马在车辕里松紧适度,自在舒适;而驾车人的注意力则要集中在马的身上,沉住气,驾好车,让人与马的动作配合协调,这样才可以使车跑得快,跑得远。可是刚才您在与我赛车的时候,只要是稍有落后,您的心里就着急,使劲鞭打奔马,拼命要超过我;而一旦跑到了我的前面,又时常回头观望,生怕我再赶上您。总之,您是不顾马的死活,总是要跑到我的前面才放心。其实,在远距离的比赛中,有时在前,有时落后,都是很正常的。而您呢,不论领先还是落后,心情始终十分紧张,您的注意力几乎全都集中在比赛的胜负上了,又怎么可能去调好马、驾好车呢?这就是您三次比赛三次落后的根本原因啊。"

寓意解读

赵襄王赛车时心不在马,终致失败的教训说明:我们无论做什么事,都要专心致志,集中精力,掌握要领,不计功利,努力将每一件事情做好。如果过于患得患失,为名利所累,往往会事与愿违。

井底之蛙

有一只青蛙长年住在一口枯井里。它对自己生活的小天地满意极了，一有机会就要当众吹嘘一番。

有一天，它吃饱了饭，蹲在井栏上正闲得无聊，忽然看见不远处有一只大海鳖正在散步。青蛙赶紧扯开嗓门喊了起来："喂，海鳖兄，请过来，快请过来！"

海鳖爬到枯井旁边后，青蛙立刻打开了话匣子："今天算你运气了，我让你开开眼界，参观一下我的居室，简直是一座天堂！你大概从来也没有见过这样宽敞的住所吧？"

海鳖探头往井里瞅瞅，只见浅浅的井底积了一汪长满绿苔的泥水，还闻到一股刺鼻的臭味。海鳖皱了皱眉头，赶紧缩回了脑袋。

青蛙根本没有注意到海鳖的表情，挺着大肚子继续吹嘘："住在这儿，我舒服极了！傍晚可以跳到井栏上乘凉；深夜可以钻到井壁的窟窿里睡觉。泡在水里，让水浸着两腋，托住面颊，可以游泳；跳到泥里，让泥盖没脚背，埋住四足，可以打滚。那些跟头虫、螃蟹、蝌蚪什么的，哪一个能比得上我呢！"

青蛙唾沫星儿四溅，越说越得意："瞧，这一坑水，这一口井，都属于我一个人所有，我爱怎么样就怎么样。这样的乐趣可以算最大了吧？海鳖兄，你不想进去观光观光吗？"

海鳖感到盛情难却,便爬向井口,可是左腿还没能全部伸进去,右腿的膝盖就被井栏卡住了。

海鳖慢慢地退了回来,问青蛙:"你听说过大海没有?"青蛙摇摇头。

海鳖说:"大海水天茫茫,无边无际。用千里不能形容它的辽阔,用万丈不能表明它的深度。传说四千多年以前,大禹做国君的时候,十年九涝,海水没有加深;三千多年以前,商汤统治的年代,八年七旱,海水也不见减少。海是这样大,以至时间的长短、旱涝的变化都不能使它的水量发生明显的变化。青蛙弟,我就生活在大海之中。你看,比起你这一眼枯井、一坑浅水来,哪个天地更开阔,哪个乐趣更大呢?"

青蛙听傻了,鼓着眼睛,半天合不拢嘴。

寓意解读

宇宙无终极,学识无穷尽。这一寓言故事告诉我们:人的生存环境决定人的思想认识。通过井蛙与海鳖的对话,我们可以看到:只有开阔眼界,才能解放思想。自以为是、自鸣得意的结果往往是闭关自守、孤陋寡闻。如果把自己看到的一个角落当作整个世界,把自己知道的一点点知识看作人类文化的总和,那就会跟枯井里的青蛙一样,成为孤陋寡闻、夜郎自大和安于现状的人。

> 根据这则寓言故事概括出来的成语"井底之蛙",常常被用来讽刺那些见识短浅而又盲目自满的人。我们千万不要因一孔之见,便洋洋自得;不要因一得之功,便沾沾自喜。

神鸟与猫头鹰

庄子的好朋友惠施被封为魏国的宰相后,庄子很为自己的朋友高兴,便启程去拜望惠施。

庄子的行动传到小人那里,他便歪曲庄子的来意,从中挑拨说庄子此番进京拜访,来者不善,意在谋取相位。惠施一听,心里十分恐慌,害怕失去官位,于是下令搜捕庄子。为了抓到庄子,在国都搜查了整整三天三夜。

惠施的举动被庄子知道了,庄子索性主动登门求见。惠施见庄子竟敢自投罗网,吃惊不已。庄子也不向惠施多解释什么,只是坐下来讲了一个故事:

在南方,传说有一种神鸟,与凤凰同类,名叫鹓鶵(yuānchú)。它从南海出发飞往北海,在途中,若不见高高的梧桐树,绝不栖息;不是翠竹与珍稀的果实,绝不食用;不遇甘甜的泉水,绝不畅饮。

神鸟一路飞翔,它在天空看见地面上有只猫头鹰,正在啄食一只腐烂的死鼠。猫头鹰饥不择食,它看见头顶上的神鸟后,以为是来抢食死鼠的,于是涨红了脸,羽毛竖起,怒目而视,做出决一死战的架势。它见神鸟仍在头顶飞翔,便对着它声嘶力竭地发出吓人的鸣叫!

庄子把猫头鹰遇到神鸟的故事讲完后,坦然地走到惠施面前,笑着问他:"今天,您获取了魏国相位,看见我来了,是不是也要对我恫吓一番呢?"说完,庄子放声大笑,拂袖而去。

寓意解读

有远大志向的人追求高洁却不被世俗小人理解,贪求利禄的小人用阴暗的心理来猜测人格高尚者的行为,真可谓"以小人之心,度君子之腹"。

这则寓言讽刺、鞭挞了权迷心窍的人。庄子以鹓鶵自比,说自己有高远的心志,并非汲汲于官位利禄之辈,但谗佞之徒却以小人之心度之。

文中庄子不直接表露自己的想法,而借讲鹓鶵鸟的故事,辛辣地嘲讽了醉心于功名利禄者的嘴脸,表明了庄子清高自守,视爵禄如"腐鼠"的态度。

任公子钓大鱼

古代有一位任公子,胸怀大志,为人宽厚潇洒。任公子做了一个硕大的钓鱼钩,用很粗很结实的黑绳子把鱼钩系牢,然后用 15 头阉过的肥牛做鱼饵,挂在鱼钩上去钓鱼。

任公子蹲在高高的会稽山上,他把钓钩甩进广阔的东海里。一天一天过去了,没见什么动静,但任公子不急不躁,一心只等大鱼上钩。一个月过去了,又一个月过去了,毫无成效,任公子依然不慌不忙,十分耐心地守候着大鱼上钩。一年过去了,任公子没有钓到一条鱼,可他还是毫不气馁地蹲在会稽山上,任凭风吹雨打。

又过了一段时间,突然有一天,一条大鱼游过来,一口吞下了钓饵。这条大鱼即刻咬着鱼饵一头沉入水底,它咬住大鱼钩只疼得狂跳乱奔,一会儿钻出水面,一会儿沉入水底。只见海面上掀起了一阵阵巨浪,如同白色山峰;海水摇撼震荡,啸声如排山倒海;大鱼发出的惊叫声如鬼哭狼嚎,那巨大的威势让千里之外的人听了都心惊肉跳、惶恐不安。

任公子最后终于征服了这条筋疲力尽的大鱼。他将这条鱼剖开,切成块,然后晒成肉干,再把这些肉干分给大家共享。从浙江以东到苍梧以北一带的人,全都品尝过任公子用这条大鱼制作的鱼干。

多少年以后,一些既没本事又爱道听途说、品头论足的人,都以惊奇的口气互相传说着这件事情,似乎还表示大大的怀疑。因为这些人眼光短浅、只会按常规做事,只知道拿普通的钓竿,到一些小水沟或河塘去,眼睛盯着鲵鲋一类的小鱼,他们要想像任公子那样钓到大鱼,当然是不可能的。

寓意解读

这则寓言故事告诉我们,目光短浅的人难以和志向高远的人相比,浅陋无知的人也不能和具有经世之才的人相提并论,因为二者的差别实在太大了。

害怕影子的人

有一个人突然得了疑心病,走在路上发现总有一个黑影跟着自己。再瞧瞧地上,自己每走一步,还留下一个脚印,于是他心里十分惶恐。他走几步就朝后看看,一串脚印一直连到他的脚下,黑影与脚印连在一起,他害怕极了,总想摆脱这个黑影和这些脚印。可是他紧走慢走,影子也紧跟慢跟,他怎么也摆脱不了。

这个人走呀走呀,心烦意乱,诚惶诚恐。当路过朋友家门口时,他实在累得很,便进到朋友家里去歇会儿,喘息一下。待他进了朋友家门,发现影子不见了,这才长长嘘了一口气,说:"这下好了,这下好了!"

朋友见他这般模样,很是奇怪,问他出了什么事,他又不好意思说实话,便支吾着说:"没什么没什么,我只是走累了,想在你这里坐会儿。"

跟朋友聊了会儿天,休息了好半天,又见影子、脚印都没有了,这个人便准备起身回家。于是他向朋友告辞,出门回家。当他走在路上,发现影子、脚印又出现了,依然是一步不落地紧跟着自己。这一下他更加害怕了,便使劲地奔跑起来,企图甩掉影子和脚印。

可是他跑得越快影子也跟得越快,他跑的步子越多脚印也越多。他想,可能是自己跑得不快才甩不掉影子的,于是他更加拼命地跑,一刻也不敢停,甚至路过家门口时也不敢回去,害怕把影子和脚印带回家去。他就这样拼命地、不停地奔跑,最后终于跑得筋疲力尽、心力交瘁而死去了。

寓意解读

这则寓言故事告诉我们,愚昧和无知会造成可怕的后果。只要有光亮就会有影子,没必要产生恐惧,更没必要摆脱它。即使实在不愿看到自己的影子,讨厌自己的脚印,那也只需要往暗处一站就得了,靠跑是不可能摆脱影子和脚印的。

鲁侯养鸟

我国古代的国君,在他们自己的国家里都有着至高无上的地位。他们每天享受着至尊的膜拜,欣赏着最美妙的音乐,吃着最讲究、最丰盛的食物。这些人养尊处优,却不见得有多少过人的智慧。

有一天,一只巨大的鸟飞落在鲁国都城附近。这是一只海鸟。它的头抬起的时候,身高达八尺,样子长得很漂亮,很像传说中的凤凰。因此,人们都把它当作神鸟。

鲁国国君听了臣子关于这只大海鸟的汇报,决定以盛大的礼节郑重其事地迎接它。鲁侯在宗庙里毕恭毕敬地设酒宴招待海鸟。鲁侯命宫廷乐师奏起了最高级的《九韶》曲。这是舜帝时在最隆重的场合下才演奏的乐曲,共有九章。他又派人给海鸟摆满最上等、最神圣的"大牢"供品做食物(也就是用很大的盘子盛着烤熟的全牛、全羊和全猪)。鲁侯侍立在海鸟旁边,诚心诚意地请它食用。

海鸟看到这莫名其妙的场面,被吓得有些发呆。它离开了辽阔的大海,失去了宝贵的自由,看着面前纷乱的人世,只觉得头昏眼花,充满了惊恐和悲伤。海鸟始终不敢吃一块肉,不敢饮一杯酒。三天之后,它便在极度的惊吓、忧郁中死去了。

鲁侯十分沮丧,但他始终不知道自己到底错在何处。

寓意解读

其实,鲁国国君这是用供养自己的一套做法来养海鸟。他不知道世上万事万物皆有自身的特点和所应遵循的规律;他不看场合、不分对象,只想当然地去办事;他不懂得用养鸟的办法去养鸟。结果事与愿违,做出了适得其反的蠢事来。

神龟的智慧

有一只神龟被一个打鱼人捉住了,于是神龟便托梦给宋国国王宋元君。

这天夜里,宋元君在睡梦中只见一个人披头散发、探头探脑地在侧门窥视,并对宋元君说:"我住在一个名叫宰路的深潭里。我替清江水神出使到河伯那里去,路上,被一名叫余且的渔人捉住了。"

宋元君早上醒来,想起晚上做的梦,觉得奇怪,于是叫人占卜这个梦。占卜的人说:"这是一只神龟给大王托的梦。"宋元君问左右的人:"有没有一个叫余且的渔人?"左右的人回答说:"有一个渔人就叫余且。"于是,宋元君命令手下人传余且来朝见。

第二天,余且来见宋元君。宋元君问他:"你打鱼捉到了什么东西?"余且回答说:"我用渔网捕到了一只大白龟,龟的背围足有五尺长。"宋元君命令余且将白龟献上。余且赶忙回家将捉到的白龟献给了宋元君。

宋元君得到这只神龟后,几次想杀掉它,又几次想把它养起来,心中总是犹豫不决,最后只好请占卜的人来做决断。占卜的结果是:"杀掉这只龟,拿它做占卜用,这是吉利的。"于是,宋元君命人将白龟杀死,剖空它的肠肚,用龟壳进行占卜,总共卜了72次,竟然次次都灵验。

后来,孔子对这件事深有感慨:"这只神龟有本事托梦给宋元君,却没有本事逃脱余且的网;它的智慧能达到72次占卜没有一次不灵验的境地,却不能避免自己被开肠剖肚的灾祸。这样看来,聪明也有受局限的地方,智慧也有照应不到的事情。"

寓意解读

这则寓言故事告诉我们,一个人的聪明才智哪怕再高,也总是有局限的。因此,只有万众一心,群策群力,才能把事情做得比较周全。

郑人买鞋

郑国有一个人,看着自己脚上的鞋子从鞋帮到鞋底都已破旧，于是准备到集市上去买一双新的。

这个人去集市之前，在家先用一根小绳量好自己脚的长短，随手将小绳放在座位上，起身就出门了。

一路上，他紧走慢走，走了一二十里地才来到集市。集市上热闹极了，人群熙熙攘攘，各种各样的小商品摆满了柜台。这个郑国人径直走到鞋铺，里面有各式各样的鞋子。郑国人让掌柜的拿了几双鞋，他左挑右选，最后选中了一双自己觉得满意的鞋子。他正准备掏出小绳，用事先量好的尺码来比一比新鞋的大小时，忽然想起小绳搁在家里没有带来。于是，他放下鞋子赶紧回家去。他急急忙忙地返回家中，拿了小绳又急急忙忙赶往集市。尽管他紧跑慢跑，还是花了差不多两个时辰的时间。等他到了集市，太阳已经下山了。集市上的小贩都收了摊，大多数店铺都已经关了门。他来到鞋铺，鞋铺也打烊了。最后，他鞋没买成，再低头瞧瞧，原先鞋上的窟窿现在更大了。他十分沮丧。

有几个人围过来，知道情况后问他："买鞋时为什么不用你的脚去穿一下，试试鞋的大小呢？"他回答说："那可不成，量的尺码才可靠，我的脚是不可靠的。我宁可相信尺码，也不相信自己的脚。"

寓意解读

> 这则寓言以简洁生动的语言讲述了郑人因只相信量好的尺寸却不相信自己的脚,结果没有买到鞋的故事,讽刺了世上很多人不顾实际情况,只相信教条的做法。我们生活中那些不尊重客观实际、自以为是的人,不也像这个揣着鞋尺码去给自己买鞋的人一样愚蠢可笑吗?

南辕北辙

南辕北辙

从前有一个魏国人要到楚国去。他带了很多的盘缠,雇了上好的车,驾上骏马,请了驾车技术精湛的车夫,就上路了。楚国在魏国的南面,可这个人不问青红皂白让驾车人赶着马车一直向北走去。

路上有人问他是要往哪儿去,他大声回答说:"去楚国!"路人告诉他说:"去楚国应往南方走,你这是在往北走,方向不对。"那人满不在乎地说:"没关系,我的马快着呢!"路人替他着急,拉住他的马,阻止他说:"方向错了,你的马再快,也到不了楚国呀!"那人依然毫不醒悟地说:"不要紧,我带的路费多着呢!"路人极力劝阻他说:"虽说你的路费多,可是你走的不是那个方向,你路费多也只能白花呀!"那个一心只想着要到楚国去的人有些不耐烦地说:"这有什么难的,我的车夫赶车的本领高着呢!"路人无奈,只好松手,眼睁睁看着那个魏国人远去。

那个魏国人,不听别人的指点劝告,仗着自己的马快、钱多、车夫好等优越条件,朝着相反的方向一意孤行。那么,条件越好,他就离要去的地方越远,因为他的大方向错了。

寓意解读

这则寓言告诉我们:无论做什么事,首先要看准方向,才能充分发挥自己的有利条件;如果方向错了,那么有利条件只会起到相反的作用。

歧路亡羊

有一天,杨子的邻居在牧羊的归途中,迎面遇到了急驰而来的一行车马,羊群因受惊吓而四散奔逃。等车马过后,那人把羊聚拢起来,急忙赶回家。回家后,他仔细清点,发现丢失了一只羊,于是立即召集全家老小,并邀请杨子的童仆一起去寻羊。杨子在一旁不以为然地说:"嘻,才丢一只羊,何必兴师动众,派这么多的人去找?"邻人说:"山野、田间岔路多,人少了分派不过来。"杨子觉得这话有理,没有再往下说。他目送着这一行人出了村口。

那邻人带领大家先沿着赶羊回家时经过的大路走,一遇到岔路就派一个人沿岔路去搜寻。没过多久,他带去的人就被分派完了,剩下那邻人只身走大路。可是没走多远,前面又出现了岔路。他站在岔路口左右为难。焦急中任选了一条路。走着走着,只见前面又有岔路。那邻人无可奈何,看看天色已近黄昏,只好往回走。沿途碰到其他的寻羊人,也说自己遇到了同样的困难。

正在家吃晚饭的杨子听见外面有嘈杂的说话声,知道是找羊的人回来了。他走出门问那邻人:"找到羊了吗?"邻人答道:"跑丢了。"杨子说:"你带了那么多的人去找,怎么还找不到呢?"邻人说:"我知道大路边有岔路,所以找羊时多带了几个人,可是没想到岔路上还有岔路。一个人面对岔路的时候,真是感到不知所措。"

杨子听了邻人说的这番话,有些闷闷不乐。他眉头紧锁,脸色灰暗,一言不发。那一天后,大家再也没有见到他露出一丝笑容。杨子的门徒都觉得有点奇怪,不解地问:"羊并不是什么值钱的牲畜,而且又不是先生的,您这样闷闷不乐,究竟是为什么呢?"杨子说:"我并不是惋惜丢了一只羊。我是从这件事联想到探求真理与这些歧路亡羊一样,如果迷失了方向,也会无功而返啊。"

寓意解读

这则寓言告诉我们:在研究一门学问时,要把握方向,注重领会其实质,而不要被各种表象所迷惑。

刻舟求剑

刻舟求剑

有一个楚国人出门远行。他在乘船过江的时候,一不小心,把随身带着的剑落到江中的急流里去了。船上的人都大叫:"剑掉进水里了!"

这个楚国人马上用一把小刀在船舷上刻了个记号,然后回头对大家说:"这是我的剑掉下去的地方。"

众人疑惑不解地望着那个刀刻的印记。有人催促他说:"快下水去找剑呀!"

楚国人说:"慌什么,我有记号呢!"

船继续前行,又有人催他说:"再不下去找剑,这船越走越远,当心找不回来了。"

楚国人依旧自信地说:"不用急,不用急,记号刻在那儿呢!"

直至船行到岸边停下后,这个楚国人才顺着他刻有记号的地方下水去找剑。可是,他怎么能找得到呢?船上刻的那个记号是表示这个楚国人的剑落水瞬间在江水中所处的位置。掉进江里的剑是不会随着船行走的,而船和船舷上的记号却在不停地前进。等到船行至岸边,船舷上的记号与水中剑的位置早已风马牛不相及了。这个楚国人用上述办法去找他的剑,不是太糊涂了吗?

寓意解读

> 这则寓言告诉我们,用静止的眼光去看待不断发展变化的事物,必然要犯脱离实际的主观唯心主义错误。

笨人熬汤

很久很久以前,有一个笨人,他不管做什么事情都不动脑筋、不假思索,常常做出一些糊涂事来惹人家笑话。

有一次,他正在家里熬一锅菜汤。熬得差不多了,他想试试咸淡合不合适,就用一把木勺舀了一勺汤出来尝。这人喝了一点汤,咂了咂嘴巴,觉得似乎淡了一些,就随手把装着剩汤的木勺放到一边,抓了一把盐撒到锅里。这时,锅里的汤已经加上盐了,而木勺里的汤还是原来的汤。他也不重新舀上一勺,而是又拿起原来的那勺汤来尝。尝过以后,他奇怪地摸了摸脑袋,皱了皱眉头,自言自语地说:"咦,明明加过盐了,这锅汤为什么还是这么淡呢?"

于是这个人就又抓了一把盐放进锅里,但他还是没有觉察到自己究竟在哪里出了差错,仍旧还是去尝勺里的汤。勺里的汤自然还是淡的,他就又以为锅里的汤还是不够味儿,于是又往锅里拼命加盐。

就这样,木勺里的汤始终没有换过,他也重复着尝一口汤、往锅里加一把盐的过程,却不停下来想一想是不是哪个环节出了问题。一满罐盐经他这么一折腾,已经见了底了,可他还挠着头皮,百思不得其解地想:今天真是活见鬼了,为什么盐都快加完了,锅里的汤却还是咸不起来呢?

寓意解读

这则寓言告诉我们,这个笨人实在是办了一件傻事,通过没有加盐的汤来评定加过盐的汤。事物总是发展变化的,我们若总是通过相对僵化的局部来判断全局的情况,又和这个笨人有什么两样呢?

田忌赛马

齐国的将军田忌经常同齐威王赛马。他们赛马的规矩是:双方各下赌注,比赛共设三局,两胜以上为赢家。然而每次比赛,田忌总是输家。

这一天,田忌赛马又输给了齐威王。回家后,田忌把赛马的事告诉了自己的高参孙膑。这孙膑是军事家孙武的后代,饱读兵书,深谙兵法,足智多谋,却被庞涓谋害,残了双腿。来到齐国后,很受田忌器重,被田忌尊为上宾。孙膑听了田忌谈他赛马总是失利的情况后,说:"下次赛马您让我前去观战。"田忌非常高兴。

又一次赛马开始了。孙膑坐在赛马场边上,很有兴趣地看田忌与齐威王赛马。第一局,齐威王牵出自己的上马,田忌也牵出了自己的上马,结果跑下来,田忌的马稍逊一筹。第二局,齐威王牵出了中马,田忌也以自己的中马与之相对。第二局跑完,田忌的中马也慢了几步而落后。第三局,两边都以下马参赛,田忌的马又未能跑赢齐威王的马。

看完比赛回到家里,孙膑对田忌说:"我看你们双方的马,若以上、中、下三等对等的比赛,你的马都相应地差一点,但悬殊并不太大。下次赛马你按我的方法办,我保证你必胜无疑,你只管多下赌注就是了。"

这一天,田忌与齐威王的赛马又开始了。第一局,齐威王出那头健步如飞的上马,孙膑却让田忌出下马,一局比完,自然是田忌的马落在后面。可是到第二局形势就变了,齐威王出以中马,田忌这边对以上马,结果田忌的马跑在前面,赢了第二局。最后,齐威王剩下了最后一匹下马,当然被田忌的中马甩在了后面。这一次,田忌以两胜一负而取得赛马的胜利。

由于田忌按孙膑的吩咐下了很大的赌注,一次就把以前输给齐威王的都赚回来了。

寓意解读

田忌赛马的故事告诉我们:做事情换一种思路,也许会达到意想不到的效果,所以我们要出奇制胜,要有所创新,不要拘泥于形式。有些事情,换一个想法,会有另一番天地!

曹冲称象

三国时候,魏王曹操有个小儿子,名字叫曹冲。曹冲自幼聪明伶俐、智慧过人,深得曹操的宠爱。曹冲做事爱动脑筋,勤于思考,五六岁的年纪,就可以想出办法来解决一些连大人都束手无策的问题。

有一天,吴王孙权派人给曹操送来了一头大象作为礼物。北方是没有大象的,曹操第一次见到这样的庞然大物,心里很是好奇,就问送大象来的人说:"这头大象究竟有多重呢?"来人回答:"鄙国从来没有称过大象,也没有办法称,所以不知道大象有多重。早就听说魏王才略过人,手下谋士众多,个个都智慧超群,请您想个办法称称大象的重量,也让我等领教一下北方大国的风范。"

曹操顿时明白这是孙权给他出的一道难题,他可绝对不能丢这个面子,让国威受损。于是他召集群臣,传令下去:能称出大象重量的人,重重有赏。大家都绞尽脑汁,苦苦思索。有人说要做一杆大秤,曹操反驳说就是做出来了,也没有人能提得动啊。有人说要把大象锯成一块块地零称,曹操斥责说怎么能把吴国送的礼物毁坏呢。人们你一言我一语,就是没人想得出一个切实可行的办法。

就在大伙儿一筹莫展之际,小曹冲忽然走到曹操身边说道:"父王别着急,我有办法。我们可以先把大象牵到船上,在船帮齐水处做个记号;再将大象牵走,把石头运到船上去,使石头的重量到达先前做的记号处为止。然后,我们再一块一块地称一称石头,加起来不就知道大象有多重了吗?"

曹操听了非常高兴,众人也对曹冲的聪慧赞叹不已。就这样,大象的重量终于被称了出来。

寓意解读

两千多年前,幼小的曹冲就有这样惊人的智慧,怎不叫人称赞!这个故事启发我们:在现实生活中遇事要多动脑筋,经常锻炼自己的思维能力,才能使自己越来越聪明。

自作聪明的墨鱼

海里有一种长得弯弯曲曲的动物,它的名字叫作墨鱼。墨鱼每天在海里游来游去,常常会遇见敌人。有一次,它撞上了一条正在觅食的大鲨鱼。大鲨鱼正饿得发慌,一看见这肥美的墨鱼,不禁喜从心起。它露出一口锋利的白牙齿,气势汹汹地向墨鱼直冲过来。要是真的打起来,墨鱼哪里是鲨鱼的对手,可就是想逃,它也游不过鲨鱼,怎么办呢?墨鱼自有它的一套本领。原来墨鱼肚子里有个墨囊,这时,它赶紧把里面的墨汁全挤出来,周围的海水顿时漆黑一片。大鲨鱼不提防,一头撞了进去,什么也看不见,只能乱冲乱闯,墨鱼趁机就溜掉了。

这下,墨鱼得意极了。它游到温暖的浅海处,沾沾自喜地想:我真是本领高强,看来有这护身法宝,什么都不用怕了。

正想着,墨鱼一眼看见不远处有父子俩正在捕鱼,心里一阵惊慌:呀,要赶紧想办法把自己藏起来,不然叫他们看见就糟了。于是,它又放出墨汁将身边的一片海水染黑。这一放不打紧,老渔人本来没有注意到这边,忽然见到海水变黑了,高兴地对儿子说:"快看,那边一定是墨鱼!"于是父子俩顺着墨迹追过去,轻而易举地将这条自作聪明的墨鱼抓到了手。

> **寓意解读**
>
> 墨鱼没有考虑到情况的变化,便将小聪明胡乱施展一番,结果暴露了自己而被捕获。这可真是"聪明反被聪明误"啊!

五官争位

五官争位

眉毛、眼睛、嘴巴、鼻子、耳朵五种器官,各有各的能耐,各有各的灵气。有一天,它们之间发生了激烈的争论,互不服气。

嘴巴对鼻子说:"人所有的食物、营养,都是通过我才被接纳的,我的功劳最显著。而你,有什么本领,位置竟然居于我的上面?"

鼻子哼了一下,说:"这你就不清楚了吧?我能分辨香味臭味,只有先经过我的辨别,才能决定什么东西可以进到嘴里,什么东西不能进到嘴里,我的作用比你大多了,位置当然也就应在你之上!"嘴巴一时语塞,不出声了。鼻子越说似乎越有道理,似乎真的是自己功劳最大,于是它不满意自己居于眼睛之下,它冲着眼睛说:"你有什么本事,竟然摆在我的上头?"

眼睛被激怒了,它瞧都不瞧鼻子一眼,说:"我能观察美丑,瞭望四方,人的信息有85%都通过我获得,说什么辨别香臭、接纳食物,那都只是小事情,跟我的能耐比起来,全都不值一提!我居你们之上,是天经地义!"说完,眼睛傲慢地往上一翻,发现有眉毛在自己的上面,于是它非常生气。眼睛对眉毛说:"喂,你是什么东西?你凭什么在我的上面?"

眉毛也不示弱,得意地一扬,说:"是呀,我为什么就偏偏高居你们各位之上呢?你们想想,如果把我摆在眼睛、鼻子、嘴巴之下,那可就滑稽了,那不知道整个脸该放哪儿啦!"

没想到,耳朵终于沉不住气了,它也说:"各位刚才的争论我都听见了。要论能耐,我决不在你们之下;要说功劳,我的功劳也不小。我耳听八方,辨别动静。说起来我最委屈,你们不管高低,总还摆在脸上显眼的位置,而我却连脸都上不了,我能服气吗?"

寓意解读

五官争位,正是那些妄自尊大、只顾争权夺利而不顾全局的人的写照。

对牛弹琴

从前,有个叫公孙仪的人,非常善于弹琴。从他的琴声中能听得出泉水涓涓的轻吟,也能听得出大海磅礴的怒涛;能听得出秋虫唧唧的低鸣,也能听得出小鸟婉转的歌唱。曲调欢乐的时候,会让人禁不住眉开眼笑;曲调悲哀的时候,能使人心酸不已,跟着琴声呜咽。凡是听过他弹琴的人,没有不被他的琴声打动的。

一次,公孙仪弹琴的时候,看到有几头牛在不远处吃草,不由得突发奇想:"我的琴声,听了的人都说好,牛会不会也觉得好呢?且让我来试一试。"

这样想着,公孙仪就坐到牛旁边,使出浑身解数,弹了一首名叫《清角》的拿手曲子。这琴声美妙极了,任何人听了都会发出"此曲只应天上有,人间能得几回闻"的感慨。可是那些牛还是静静地低着头吃它们的草,丝毫没有反应,就好像它们从来不曾听到过什么一样。

公孙仪想了想,又重新弹起琴来。这一次曲调变了,音不成音,调不成调,听上去实在糟糕,很像是一群蚊虻扇动翅膀发出的"嗡嗡"声,中间似乎还间杂有一头小牛"哞哞"的叫声。

这回,牛总算有了反应,纷纷竖起耳朵,甩着尾巴,迈着细密的小步子走来走去地倾听着琴声。

寓意解读

> 牛终于听懂了公孙仪的琴声,那是因为这声音接近于它所熟悉的东西。所以,我们解决问题的时候要根据不同事物的不同特点,对症下药地研究解决方法。高雅的琴曲演奏得再出色,牛也无动于衷;模仿蚊虻的叫声尽管不是高雅的曲调,但牛却听得很认真。这则寓言告诉我们,看清对象,有的放矢,从实际需要出发,是做好一件事情的前提。

囫囵吞枣

囫囵吞枣

有几个人闲来无事,在一起聊天。一个年纪大的人对周围几个人说:"吃梨对人的牙齿有好处,不过,吃多了的话是会伤脾的。吃枣呢,正好与吃梨相反,吃枣可以健脾,但吃多了却对牙齿有害。"

人群中一个呆头呆脑的青年人觉得有些疑惑不解,他想了想说:"我有一个好主意,可以吃梨有利于牙齿又不伤脾,吃枣健脾又不至于伤牙齿。"

那位年纪大的人连忙问他说:"你有什么好主意,说给我们大家听听!"

那傻乎乎的青年人说:"吃梨的时候,我只是用牙去嚼,却不咽下去,它就伤不着脾了;吃枣的时候,我就不嚼,一口吞下去,这样不就不会伤着牙齿了吗?"

一个人听了青年说的话,跟他开玩笑说:"你这不是将枣囫囵着吞下去了吗?"

在场的人都哈哈大笑起来,笑得那个青年人抓耳挠腮,更是傻乎乎的了。

寓意解读

这个年轻人自作聪明,如果按他说的办法囫囵吞枣的话,那枣整个地连核也吞下去了,难以消化,哪还谈得上什么健脾呢?我们学习知识也是这样,如果对所接受的知识不加以分析、消化、理解,只是一味地生吞活剥,是不会有什么收获的。

规与矩

凡是做车轮的师傅,手边总离不了一个圆规,他习惯于用这样一件工具去测量普天下的物件到底是圆还是不圆。他一边测量,还要一边对人解释:"只要符合我这个圆规的标准,就可以称作圆;否则,就应该视为不圆。所以,如果想判断任何一个物件是圆还是不圆,只要用我这个圆规去测量一下,就明白了。"

这是个什么道理呢?原来,确定圆与不圆的标准和方法都十分明确,因此是不容置疑的。

而做房屋家具的木匠师傅,手边也总离不开一把矩尺,他经常用这样一件工具去测量普天下的物件,到底是方还是不方。他也是一边测量,一边对人说:"凡是符合我这把矩尺的标准的,就是方的;否则,就是不方。所以,要想知道一件东西是方还是不方,只要用我这把矩尺去测量一下,就清楚了。"

这又是什么缘故呢?原来,判定方与不方的标准和手段早就确定,因此已无须争议了。

寓意解读

这个故事说明:判断是非应当有一定的客观标准,有了规矩,就可以定方圆。对世间的任何人或事,只要规定出明确的评价标准,其是非曲直就会一目了然,从而避免许多无意义的争论。

愚人食盐

愚人食盐

从前,有一个愚不可及的人,到朋友家去做客。主人热情地款待他,请他吃饭。可是他尝了几样菜肴以后,都觉得味道太淡,不好吃,难以下咽。

主人闻过即改,立刻在菜里加上一些盐,请他再尝。果然,这些菜加了盐之后,味道十分鲜美,顿时他的食欲大增。为此,愚人暗自琢磨:"这些菜在没放盐时,淡而无味;后来只是因为加了一点点盐,就变得这么可口。如果我能多吃些盐,那味道不就会更好了吗?"

于是,这个愚蠢的人回到家里以后,就什么东西也不吃,一天到晚总是空着肚子拼命地吃盐。这样一来,他不仅没能吃出鲜美的味道,反而把正常的胃也吃坏了。美味的盐最终竟成了他的祸害。

寓意解读

这个故事告诉我们:干任何事情都要有一个限度,恰到好处时美妙无比,一旦过头就会走向反面,哪怕是好事也会给弄得很糟。真理再向前跨越一步,也许就变成了谬误。

人云亦云的八哥

一群喜鹊在女儿山的树上筑了巢,在里面养育了喜鹊宝宝。它们天天寻找食物,抚育宝宝,过着辛勤的生活。在离它们不远的地方,住着好多八哥。这些八哥平时总爱学喜鹊们说话,没事就爱乱起哄。

喜鹊的巢建在树顶上的树枝间，靠树枝托着。风一吹，树摇晃起来，巢便跟着一起摇来摆去。每当起风的时候，喜鹊总是一边护着自己的小宝宝，一边担心地想：风啊，可别再刮了吧，不然，把巢吹到地上，摔着宝宝可怎么办啊，我们也就无家可归了呀。八哥们则不在树上做窝，它们生活在山洞里，一点儿都不怕风。

有一次，一只老虎从灌木丛中窜出来觅食。它瞪大一双眼睛，高声吼叫起来。老虎真不愧是兽中之王，它这一吼，直吼得山摇地动，风起云涌，草木震颤。

喜鹊的巢被老虎这一吼，便随着树剧烈地摇动起来。喜鹊们害怕极了，却想不出办法，就只好聚集在一起，站在树上大声嚷叫："不得了了，不得了了，老虎来了，这可怎么办哪！不好了，不好了！……"附近的八哥听到喜鹊们叫得热闹，不禁又想学了，它们从山洞里钻出来，不管三七二十一，也扯开嗓子乱叫："不好了，不好了，老虎来了！……"

这时候，一只寒鸦经过，听到一片吵闹之声，就过来看个究竟。它好奇地问喜鹊说："老虎是在地上行走的动物，你们是在天上飞的动物，它能把你们怎么样呢？你们为什么要这么大声嚷叫？"喜鹊回答："老虎的大声吼叫引起了风，我们怕风会把我们的巢吹掉了。"寒鸦又回头去问八哥，八哥吞吞吐吐地说了几声："我们，我们……"最后无以作答。

寒鸦笑了,说道:"喜鹊因为在树上筑巢,所以害怕风吹,畏惧老虎。可是你们住在山洞里,跟老虎完全井水不犯河水,一点儿利害关系也没有,为什么也要跟着乱叫呢?"

寓意解读

八哥一点主见也没有,只能随波逐流、人云亦云,也不管对不对,以致闹出了笑话。我们做人也是一样,一定要独立思考,自己拿主意,不盲目附和别人。不然,就会像人云亦云的八哥一样可悲又可笑了。

黔驴技穷

古时候,贵州一带没有驴,那里的人们对于驴的样貌、习性、用途等都不熟悉。有个喜欢多事的人,从外地用船运了一头驴回贵州,可是一时又不知该派什么用场,就把它放到山脚下,任它自己吃草、散步。

一只老虎出来觅食,远远地望见了这头驴。老虎从来没有见过驴,看到这家伙身躯庞大,耳朵长长的,脚上没有爪,样子挺吓人的。老虎有点害怕。在心里琢磨:妈呀!什么时候跑出来这么个怪物,看上去似乎不太好惹。还是不要贸然行事,观察一下再说吧。

连续几天,老虎都只敢躲在密密的树林里面观察驴的行为。后来觉得它好像不是很凶狠，就大着胆子小心翼翼地慢慢靠近它，但还是没有搞清楚它到底是个什么东西。

有一天，老虎正慢慢地接近驴，驴忽然长叫了一声，声音十分响亮。老虎吓了一跳，以为驴想吃掉它，回头转身就跑。跑到较远的地方，老虎又仔仔细细地观察了驴一番，觉得它似乎没什么特别厉害的本领。

又过了几天，老虎渐渐习惯了驴的叫声。于是它又进一步和驴接触，以便更深入地了解它。老虎终于走到驴身边，围着它又叫又跳，有时还跑过去轻轻挨一下驴的身体再跑开。

驴终于被老虎戏弄得愤怒极了，就抬起蹄子去踢老虎。开始的时候，老虎还稍有些惊惶，不久见驴再也无计可施，终于明白了，原来驴总共也只有这么一点儿伎俩。

老虎非常高兴，嘲笑驴说："你这个没用的大家伙，原来也就这么几招本事啊！"说着，就跳起来扑上去，咬断了驴的喉管，吃光了驴的肉，心满意足地离开了。

寓意解读

貌似庞大的贵州驴，实际上外强中干，一点厉害的本领也没有，以致被老虎摸清了底细，最后葬身虎口。做人也要练就真本领，仅靠花哨的外表唬人，是不会长久的。到头来，吃亏的还是自己。

老虎与小孩

从前,在四川省的忠县、万县、云阳县一带,经常有老虎出没。老虎出来伤人,总是先抖出它的威风,使人在还没看清楚它的真面目时,往往已经被吓瘫了。然后老虎再进一步采取行动,想必是十分轻松自如的事了。

这一天,一个妇女带着两个小孩到河边洗衣服。她让两个孩子在沙滩上玩耍,然后自己走到河边洗起衣服来。两个孩子在沙滩上一会儿堆沙塔,一会儿用线绳在手上互相翻花,一会儿自己做游戏,玩得十分高兴。

突然,一只老虎从沙滩那边的山上奔了下来,正在洗衣的妇女见状大惊失色,她慌不择路,也顾不上小孩,自己赶紧跳进水里躲避起来,连衣服被水冲走了她也不知道。再看那两个小孩,依然在沙滩上全神贯注地玩得起劲,全然不知道身边发生了什么事情,更没注意到兽中之王老虎已在他们附近,正朝他们"虎视眈眈"。

说来也怪,凶猛的老虎见两个小孩旁若无人,根本就无视它的存在,反倒有些吃惊,因为它见惯了的是它所到之处,一切飞禽走兽和人都闻风丧胆、四处逃窜,眼前这是何物?竟如此满不在乎?老虎盯着小孩有好一会儿了,小孩并没有看它一眼,而是继续他们的游戏。接着,老虎又用头去碰他们,两个小孩只是随意地用手拨开虎头,一点害怕的表示也没有,老虎那股凶猛的劲头顿然全失,很泄气地走开了。

寓意解读

　　看起来,面对危险或貌似强大的敌人时,你越是害怕,可能越会招来灾祸;如果镇定,无所畏惧,说不定还会有转危为安的奇迹出现。

虎与刺猬

　　从前,有一只老虎,又笨又懒。有一天,它肚子饿了,想到野外找点东西吃。找着,找着,它看到一只刺猬朝天睡在前面的草地上,圆乎乎且鲜红鲜红的,以为是块肉,便急急忙忙地奔过去。老虎正准备张口,却冷不防被刺猬卷住了鼻子。老虎被这突如其来的袭击吓得不得了,鼻子上的刺猬越卷越紧,扔也扔不掉。老虎又疼又害怕,吓得赶快跑,赶快跑……

　　老虎跑着,跑着,一直跑到大山中,又困又乏,实在是不能动弹了,便无可奈何地躺在地上,昏昏沉沉地睡着了。受惊的刺猬见老虎不动了,对自己没有什么威胁了,这才放开老虎的鼻子,迫不及待地逃走了。

老虎一觉醒来,发现鼻子上的刺猬走开了,也不再害怕了,用舌头舔了几下,觉得鼻子还在,很高兴,连肚子饿都忘记了,便到半山腰的橡树下面去玩。老虎低头走着、玩着。不知不觉间看见一个橡子的壳儿,圆溜溜地躺在地下,以为又是只小刺猬。它心头猛一惊,不知不觉又害怕起来,害怕自己的鼻子又被这只"小刺猬"卷着,便赶快侧着身子,提心吊胆并且很客气地对橡子的壳儿说:"我刚才遇上了您的父亲,您父亲真厉害呀!它的本领我已经领教过了。现在我不和您小兄弟计较了,还是希望您小兄弟让让路,放我走吧!"

寓意解读

这个故事告诉我们:一个人在受到惊吓后,不要心有余悸。如果做事马马虎虎、粗枝大叶,到头来只能是自己吓自己。

牧童斗狼

从前,有两个机智勇敢的牧童一起到山里去,走啊,走啊,突然发现了一个狼窝。他俩商量说:"狼是害人的东西,经常出山去叼走村里的猪和羊,我们应该想办法把它除掉。""可是仅凭我们俩,怎么斗得过凶

牧童斗狼

残的狼呢?"他们正在商量着,一眼瞥见大狼并不在,窝里只有两只小狼,于是计上心来。两个牧童一人抓了一只小狼,然后各自爬上一棵树,相距有数十步远。

　　过了一会儿,大狼回来了。它进到洞里,发现小狼不见了,急得惊慌失措,嗥嗥叫着四下里寻找。这时,一个牧童在树上使劲地拧小狼的耳朵,小狼疼痛难忍,大声嚎叫起来。大狼听到小狼的叫声,一抬头,发现了牧童和被捉走的小狼,愤怒极了。它狂奔过来,号叫着用一双尖利的爪子在树干上又抓又挠,想要把小狼救下来。可是树太高,它爬不上去,着急得要命。这时候,另一个牧童又在另一棵树上弄得小狼大叫。大狼停止了嚎叫,顺着声音望过去,看见了另一只小狼。于是它舍弃了眼下的这只,又焦急地快速向那棵树奔去,一边跑一边号叫着,就像刚才一样。它刚跑到那棵树下抓挠了几下,这棵树上的小狼又叫了起来。于是大狼再次回过头向这棵树跑来。

　　就这样,大狼不停地嚎叫,不停地来回奔跑,不知道到底该顾哪一头好。来回跑了十几趟以后,大狼渐渐地跑慢了,嚎叫声也越来越微弱了。又跑了一会儿,大狼终于气息奄奄了,僵直地倒在地上很长时间一动也不动。两个牧童这才从树上下来去试探大狼的鼻息,原来它已经断了气了。

寓意解读

两个牧童用自己的聪明才智,终于战胜了比自己强大的狼。我们在对付强大的敌人时,也应该动脑筋,想办法,用智斗,这样才能获得成功。

美丑标准

阳朱到宋国,投宿在一家客栈里。店主人热情地接待阳朱,并向他介绍自己的家人。阳朱发现主人有两位小妾,一位长得亭亭玉立,楚楚动人,而另一位却相貌丑陋。偏偏令人不理解的是,店主宠爱丑陋的而轻贱漂亮的小妾。

阳朱非常好奇,想打听个究竟,便询问缘由。

"那个漂亮的自恃美貌却轻视他人,傲气得不得了,我越看她,越觉得丑;这位看似丑陋的心地善良,待人谦和,知情达理,令我越看越觉得漂亮,我一点也不认为她不漂亮。"说到这里,正好漂亮的那位小妾昂首挺胸地走过来。主人连看都不看她一眼,对阳朱说:"瞧这德性、这模样,实在叫人生厌,她哪里知道什么叫美,什么为丑!"

寓意解读

　　阳朱在店主人的一番启发下,很受教育。外形固然重要,品行却是更重要的标准。一个人若貌美再加上品格高尚,那就一定会受到人们的爱戴。若相貌不理想而心灵美,也会获得尊重。对美与丑从来只有两条标准:追求外在美,是表面的、肤浅的;崇尚内在美,是本质的、富有内涵的。炫耀表面美,居美自傲是浅薄的丑陋;自尊自爱、谦逊待人是美的境界。表面美是暂时的,内在美是永恒的。

守株待兔

　　宋国有一个农民,每天在田地里劳动。一年四季,早上天一亮就起床,扛着锄头往田野走;傍晚太阳快落山了,又扛着锄头回家。他实在是很辛苦。

　　有一天,这个农夫正在地里干活,突然一只野兔从草丛中窜出来。野兔见到有人而受了惊吓。它拼命地奔跑,不料一下子撞到农夫地头的一截树桩子上,折断脖子死了。农夫放下手中的农活,走过去捡起死兔子。他非常庆幸自己的好运气。

　　晚上回到家,农夫把死兔交给妻子。妻子做了香喷喷的野兔肉,两口子有说有笑美美地吃了一顿。

第二天,农夫照旧到地里干活,可是他再不像以往那么专心了。他干一会儿就朝草丛里瞄一瞄、听一听,希望再有一只兔子窜出来撞在树桩上。就这样,他心不在焉地干了一天活,该锄的地没锄完。直到天黑也没见到有兔子出来,他很不甘心地回家了。

第三天,农夫来到地边,已完全无心锄地。他把农具放在一边,自己则坐在树桩旁边的田埂上,专门等待野兔子窜出来。可是他又白白地等了一天。

后来,农夫每天就这样守在树桩边,希望能再捡到兔子,然而他始终没有再得到。而农夫地里的野草却越长越高,把他的庄稼都淹没了。农夫因此成了宋国人的笑柄。

寓意解读

把一次偶然的事件当作常有的现象,看成是一种必然规律的做法是缺乏根据和十分轻率的。一个人如果那样去看问题,就会做出像这个宋国人一样的蠢事来。

乐羊子求学

古时候有个叫乐羊子的人,他娶了一位知书达理、勤劳贤惠的好妻子,她总是帮助和辅佐丈夫上进,鼓励乐羊子做个有抱负的人。

妻子常常跟乐羊子说:"你是一个七尺男子汉,要多学些有用的知识,将来好做大事。天天待在家里或者只在乡里四邻转悠,开阔不了眼界,长不了见识,不会有什么出息的。不如带些盘缠,到远方去找名师学习本领来充实自己,也不枉活一世啊!"

日子一长,乐羊子被说动了,就按照妻子的话收拾好行李出远门去了。自从那天和乐羊子依依惜别之后,妻子一天比一天思念自己的丈夫,记挂他在异乡求学的情况,但她把这份惦念埋在心底,只是每天不停地织布、干活,用来排遣心中的思念,好让乐羊子安心学习,不牵挂自己和家里。

一天,妻子正织着布,忽然听见有人敲门。她过去开门一看,简直不敢相信自己的眼睛,站在面前的竟然是自己日夜想念的丈夫!她高兴极了,忙将丈夫迎进屋坐下。可是过了没多久,妻子似乎想起了什么,疑惑地问:"才刚刚过了一年,你怎么就回来了,是出了什么事吗?"乐羊子望着妻子笑着说:"没什么事,只是离别的日子太久了,我对你朝思暮想,实在忍受不了,就回来了。"

妻子听了这话,半晌无语,表情很是难过。她抓起剪刀,快步走到织布机前,"咔嚓咔嚓"地把织了一大半的布都剪断了。乐羊子吃了一惊,问道:"你这是干什么呀?"妻子回答说:"这匹布是我日日夜夜不停地织呀织呀,它才一丝一缕地积累起来,一分一毫地变长起来的,终于织成了一整匹布。现在我把它剪断了,白白浪费了宝贵的光阴,它也永远不能恢复为整匹布了。学习也是一样的道理,要一点点地积累知识才能成功。你现在半途而废,不愿坚持到底,不是和我剪断布一样可惜吗?"

乐羊子听了这话恍然大悟,意识到自己错了,不由得羞愧不已。他再次离开家去求学,整整过了七年才终于学成而返。

寓意解读

乐羊子妻以她的远见和勇气帮助丈夫坚定了求学的意志,而乐羊子也终于以惊人的毅力克服困难,坚持学习,终有所成。这一切都告诉我们,学习不是一蹴而就的事,需要持之以恒的精神,我们应该磨炼自己的意志,不懈地努力。

活到老,学到老

晋平公作为一位国君,政绩不平,学问也不错。在70岁的时候,他依然希望能多读点书,多长点知识,他总觉得自己所掌握的知识不够。可是70岁的人再去学习,困难是很多的,晋平公对自己的想法总是不自信,于是他便去询问师旷。

师旷是一位双目失明的老人,他博学多智,眼睛虽然看不见,但心里亮堂着呢。晋平公问师旷说:"你看,我已经70岁了,年纪的确老了,可是我还很希望能再读些书,长些学问,却总是没有信心,总觉得是否太晚了。"

师旷回答说:"您说太晚了,那为什么不把蜡烛点起来呢?"

晋平公不明白师旷在说什么,便说:"我在跟你说正经话,你跟我瞎扯什么?哪有做臣子的随便戏弄国君的呢?"

师旷一听,乐了,连忙说:"大王,您误会了,我这个双目失明的臣子,怎么敢随便戏弄大王呢?我也是在认真地跟您谈学习的事呢。"

晋平公说:"此话怎讲?"

师旷回答说:"我听说,人在少年时代好学,就如同获得了早晨温暖的阳光一样,那太阳越照越亮,时间也久长。人在壮年的时候好学,就好比获得了中午明亮的阳光一样,虽然中午的太阳已走了一半了,可它的力量很强,时间也还有许多。人到老年的时候好学,虽然已日暮,没有了阳光,可他还可以借助蜡烛啊,蜡烛的光亮虽然不怎么明亮,可是只要获得了这点烛光,尽管有限,也总比在黑暗中摸索要好多了吧。"

晋平公恍然大悟,高兴地说:"你说得太好了,的确如此!我有信心了!"

寓意解读

诚然,不爱学习,即使大白天睁着眼,也只能两眼一抹黑。不论年少年长,学问越多心里越亮堂,只有经常学习,才不至于盲目处事、糊涂做人。

铁杵磨成针

唐代大诗人李白,幼年时便开始读经书、史书。那些书都十分深奥,他一时读不懂,便觉枯燥无味,于是丢下书,逃学出去玩耍。

他一边闲游闲逛,一边东瞧西看。他看见一位老妈妈坐在磨刀石旁的矮凳上,手里拿着一根粗大的铁棒子,在磨刀石上一下一下地磨着,神情专注,以至于李白在她跟前蹲下她都没有察觉。

李白不知道老妈妈在干什么,便好奇地问:"老妈妈,您这是在做什么呀?"

"磨针。"老妈妈头也没抬,简单地回答了李白,依然认真地磨着手里的铁棒。

"磨针?"李白觉得很不明白,老妈妈手里磨着的明明是一根粗铁棒,怎么是针呢?李白忍不住又问:"老妈妈,针是非常非常细小的,而您磨的是一根粗大的铁棒呀!"

老妈妈边磨边说:"我正是要把这根铁棒磨成细小的针。"

"什么?"李白有些意想不到,他脱口又问道:"这么粗大的铁棒能磨成针吗?"

这时候,老妈妈才抬起头来,慈祥地望着小李白,说:"是的,铁棒子又粗又大,要把它磨成针是很困难的。可是我每天不停地磨呀磨,总有一天,会把它磨成针的。孩子,只要工夫下得深,铁棒也能磨成针呀!"

幼年的李白是个悟性很高的孩子,他听了老妈妈的话,一下子明白了许多,心想:对呀!做事情只要有恒心,天天坚持去做,什么事都能做成。读书也是这样,虽然有不懂的地方,但只要坚持多读,天天读,总会读懂的。想到这里,李白深感惭愧,脸都发烧了。于是他拔腿便往家跑,重新回到书房,翻开原来读不懂的书,继续读起来。

寓意解读

只要有恒心、有毅力,做任何事情都能成功。

苛政猛于虎

春秋时期,朝廷政令残酷,苛捐杂税名目繁多,老百姓生活极其贫困,有些人没有办法,只好举家逃离,到深山老林、荒野沼泽去住，那里虽同样缺吃少穿，可是"天高皇帝远"，官府管不着，兴许还能活下来。

有一家人逃到泰山脚下，一家三代从早到晚，四处劳碌奔波，总算能勉强生活下来。

这泰山周围，经常有野兽出没，家人总是提心吊胆的。一天，这家里的爷爷上山打柴遇上老虎，再也没有回来。这家人十分悲伤，可是又无可奈何。过了一年，这家里的父亲上山采药，又一次命丧虎口。这家人的命运真是悲惨，只剩下儿子和母亲相依为命。母子俩商量着是不是搬个地方，可是思来想去，实在是走投无路：天下乌鸦一般黑，没有老虎的地方有苛政，同样没有活路；这里虽有老虎，但未必天天碰上，只要小心，还能侥幸活下来。于是，母子俩只能在这里艰难度日。

又过了一年，儿子进山打猎，又被老虎吃掉，剩下母亲一天到晚坐在坟墓边上痛哭。

这一天，孔子和他的弟子们经过泰山脚下，看到这个正在坟墓边上痛哭的母亲，哭声是那样的凄惨。孔子在车上坐不住了，他关切地站起来并让学生子路上前去打听，他则在一旁仔细倾听。

子路问："听您哭得这样悲伤，您一定有十分伤心的事，能说给我们听听吗？"

这个母亲边哭边回答说:"我们是从别处逃到这里来的,住在这里好多年了。先前,我的公公被老虎吃了;去年,我丈夫也死在老虎口里;如今,我儿子又被老虎吃了,还有什么比这更痛心的事呢?"说完,又大哭起来。

孔子在一旁忍不住问道:"那你为什么不离开这个地方呢?"

这个母亲忍住哭声说:"我们无路可走啊!这里虽有老虎,可是没有残暴的政令呀。这里有很多人家都和我们一样是躲避暴政才来的。"

孔子听后,十分感慨。他对弟子们说:"你们可要记住:残暴的政令比吃人的老虎还要凶猛啊!"

寓意解读

> 封建统治者的残酷剥削与压迫,使穷苦人走投无路,他们宁可生活在猛虎威胁的环境中,也不愿生活在暴政的统治下。统治者不应当以严酷的政令和繁重的赋税来治理国家,应当以礼修身,以仁治国。

扁鹊说病

春秋时期有一位名医,人们都叫他扁鹊。他医术高明,经常出入宫廷为君王治病。有一天,扁鹊巡诊去见蔡桓公。

礼毕,他侍立于桓公身旁细心观察其面容,然后说道:"我发现君王的皮肤有病。您应及时治疗,以防病情加重。"桓公不以为然地说:"我一点病也没有,用不着治疗。"扁鹊走后,桓公不高兴地说:"医生总爱在没有病的人身上显能,以便把别人健康的身体说成是被医治好的。我不信这一套。"

十天以后,扁鹊第二次去见桓公。他察看了桓公的脸色之后说:"您的病到肌肉里面去了。如果不治疗,病情还会加重。"桓公不信这话,对"病情正在加重"的说法深感不快。

又过了十天,扁鹊第三次去见桓公。他看了看桓公,说道:"您的病已经发展到肠胃里面去了。如果不赶紧医治,病情将会恶化。"桓公仍不相信,并对"病情变坏"的说法更加反感。

又隔了十天,扁鹊第四次去见桓公。两人刚一见面,扁鹊扭头就走。这下倒把桓公搞糊涂了。他心想:"怎么这次扁鹊不说我有病呢?"桓公派人去找扁鹊问原因。扁鹊说:"一开始桓公皮肤患病,用汤药洗、热水敷很容易治愈;稍后他的病到了肌肉里面,用针灸可以攻克;后来桓公的病患至肠胃,服草药汤剂还有疗效;可是目前他的病已深入骨髓,人间医术已无能为力了。得这种病的人能否保住性命,生杀大权在阎王爷手中。我若再说自己精通医道,手到病除,必将遭来祸害。"

五天过后,桓公浑身疼痛难忍。他见情况不妙,马上让人请扁鹊来治病。派去找扁鹊的人回来说:"扁鹊已逃往秦国去了。"桓公这时后悔莫及。最终他在痛苦中死去。

寓意解读

> 这个故事告诉人们:对于自身的疾病以及社会上的一切坏事,都不能讳疾忌医,而应防微杜渐,正视问题,及早采取措施,予以妥善的解决。否则,等到病入膏肓,酿成大祸之后,将会无药可救。

亡羊补牢

从前有一个牧民,养了几十只羊,他白天放牧,晚上把羊赶进一个用柴草和木桩围起来的羊圈内。

一天早晨,这个牧民去放羊,发现羊少了一只。原来羊圈破了个窟窿,夜间有狼从窟窿里钻进来,把一只羊叼走了。

邻居劝告他说:"赶快把羊圈修一修,堵上那个窟窿吧。"

他说:"羊已经丢了,还去修羊圈干什么呢?"他没有听取邻居的好心劝告。

第二天早上,他去放羊,发现又少了一只羊。原来狼又从窟窿里钻进羊圈,叼走了一只羊。

这位牧民很后悔没有听取邻居的劝告,及时采取补救措施。于是,他赶紧堵上那个窟窿,又从整体上进行加固,把羊圈修得结结实实的。

从此,这个牧民的羊再也没有被野狼叼走过。

寓意解读

> 牧民的故事告诉我们:犯了错误,遭到挫折,这是常见的现象。只要能认真吸取教训,及时采取补救措施,就可以避免继续犯错,遭受更大的损失。

塞翁失马

从前,有位老汉住在与胡人相邻的边塞地区,来来往往的过客都尊称他为"塞翁"。塞翁生性豁达,为人处世的方法与众不同。

有一天,塞翁家的马不知什么原因,在放牧时竟迷了路,没有回来。邻居们得知这一消息后,纷纷表示惋惜。可是塞翁却不以为意,反而释怀地劝慰大伙儿:"丢了马,当然是件坏事,但谁知道它会不会带来好的结果呢?"

没过几个月,那匹迷途的老马从塞外跑了回来,并且还带回了一匹胡人骑的骏马。于是,邻居们又一齐来向塞翁贺喜,并夸他在丢马时有远见。然而,这时的塞翁却忧心忡忡地说:"唉,谁知道这件事会不会给我带来灾祸呢?"

塞翁家平添了一匹胡人骑的骏马,他的儿子喜不自禁,于是就天天骑马兜风,乐此不疲。有一天,儿子因得意而忘形,从飞驰的马背上掉了下来,摔伤了一条腿,造成终身残疾。善良的邻居们闻讯,赶紧前来慰问,而塞翁却还是那句老话:"谁知道它会不会带来好的结果呢?"

又过了一年,胡人大举入侵中原,边塞形势骤然吃紧,身强力壮的青年都被征去当了兵,结果十有八九在战场上送了命。而塞翁的儿子因为是个跛腿,免服兵役,所以他们父子得以避免这场生离死别的灾难。

寓意解读

这个故事在世代相传的过程中,渐渐地浓缩成了一句成语:"塞翁失马,焉知非福。"它说明人世间的好事与坏事都不是绝对的,在一定的条件下,坏事可以引出好的结果,好事也可能会引出坏的结果。

远虑与近忧

喜鹊的巢筑在高高的树顶上。到了秋天，一刮大风，窝巢便随树枝摇摇晃晃，简直像要把整个窝巢翻下来一样。每到这时，喜鹊和它的孩子们就蜷缩在窝巢中，惊恐万状，害怕得连大气都不敢出。

有一种喜鹊很聪明，在夏天还没有到来的时候，它就想到了秋天，并且预料到秋季肯定会经常刮大风。这可真是有远见的喜鹊！为了保障住所未来的安全，它果断地决定立即搬家。于是，它不辞辛苦地一直在寻找安全的处所，终于选中了一处粗大低矮的树桠，这地方低矮踏实，上面有浓密的枝叶遮挡，大风也不能撼动这个粗大稳固的矮树丫。然后，喜鹊不厌其烦、不顾劳累地将原来的窝巢从高高的树顶上搬下来，将那些搭窝的枝条、草叶，一根根、一片片搬到低矮粗大的树桠上，筑起了新居。新筑的窝巢真的是既舒适又安全，大风再也不会侵犯到这里了。

夏天到了，大树浓密的树荫下真凉快，过往行人都不免要到树荫下歇凉。人们在树荫下一抬头就看到了喜鹊的窝巢，再一伸手，就可以轻易地掏到窝巢中的小鹊或鹊蛋。人们觉得挺有趣的，于是，窝巢里的小鹊或鹊蛋经常被人掏走。小孩子们看到大人这样做，他们也学大人来掏小鹊和鹊蛋。小孩子们个子矮够不着鹊窝,可是他们想办法找来竹竿,用竹竿挑落巢里的小鹊和鹊蛋,还互相争抢着。

可怜的喜鹊这下遭殃了,秋季还远远没到,它的住所就被破坏得不像样子了。它虽然考虑到了要防备未来的灾患,却没想到眼前的危险,结果还是没能避过灾难。

寓意解读

人也是一样,当我们在计划未来的时候,千万不要忘了当前。如果不能兼顾眼下与未来,考虑问题或做事情欠周全的话,都会遭受损失的。

神童的不幸

有个小孩叫方仲永,出生在一个农民家庭。他家里祖祖辈辈都是种田人,没有一个文化人。他长到五岁了,还从来没见过纸墨笔砚。

可是有一天,方仲永突然哭着向家里人要纸墨笔砚,说想写诗。他父亲感到十分惊讶,马上从邻居那里借来笔墨纸砚。方仲永拿起笔便写了四句诗,而且还给诗写了个题目。同乡的几个读书人知道了这件事,都跑到方仲永家来看,一致认为他写得不错。于是这件事很快就传开了,知道的人都不免个个称奇。

从此,方仲永家热闹起来,经常有人来家玩,有的还当场出题要小仲永作诗。不论什么题目,小仲永都能立刻成诗,而且内容深刻雅致,文采绚丽多姿,受到众人的一致赞赏。

不久,方仲永是天生奇才的消息,传到了县里,引起了很大的震动,人们都认为他是个神童。县里那些名流、富人,十分欣赏方仲永,连他父亲的地位也随着提高了不少。那些人对方仲永的父亲另眼相看,还经常拿钱帮助他。这样一来,方仲永的父亲便认为这是件有利可图的好事,于是放弃了让方仲永上学读书的念头,带着方仲永轮流拜访县里的那些名流、富人,找机会展示方仲永的作诗天赋,以博得那些人的夸赞和奖励。

然而,神童渐渐才思不济。久而久之,由于只一味凭着一点"天赋"而没有后天的再学习,方仲永终致每况愈下。到十二三岁时,作的诗比以前大为逊色,前来与他谈诗的人感到很失望。到二十岁时,他的才华已全部消失,跟一般人没有什么两样。人们都感到遗憾,可惜一个天资聪颖的少年变成了一个平庸的人。

寓意解读

一个人光有天赋而不注重后天的学习是不行的,到头来只会落在别人的后面。

泥偶和木偶

泥偶和木偶

山东省境内的淄水河畔,有一个泥塑的人偶和一个木雕的人偶。在一个干旱无雨的季节,泥偶和木偶曾有一段朝夕相处的经历。时间一长,木偶渐渐地看不起泥偶,因此总想找机会讥笑它。

一天,木偶带着嘲笑的口吻对泥偶说:"你原本是淄水西岸的泥土,人们把泥土糅合起来捏成了你。别看你现在有模有样,神气十足,等八月一到,大雨哗哗而下,淄水一下子猛涨起来,你很快就会被水泡成一堆稀泥了。"

那泥偶并不在意,它以十分严肃的口吻对木偶说:"谢谢您的关心。不过,事情并不像你所说的那样可怕。既然我是用淄水西岸的泥土捏成的泥人,即使被水冲得面目全非,变成了一堆稀泥,也仅仅是还原了我本来的面目,让我回到淄水西岸罢了。而你倒是要仔细地想一想,你本来是东方的一块桃木,后来被雕成了人。一旦到了八月,大雨倾盆而下,引起淄水猛涨,波浪滚滚的河水将把你冲走。那时,你只能随波逐流,不知会漂泊到什么地方。老兄,你还是多为自己的命运操操心吧!"

寓意解读

> 这则寓言告诉我们：那些自以为高人一等的"聪明人"，在嘲笑别人的时候，应该多想想自己的不足之处。只有这样，才能够保持谦虚谨慎的态度，使自己进步得快一些。

老虎模型

在楚国，有一家人深受狐狸之害。狡猾的狐狸经常趁其不备，跑到院子里来偷只鸡啊，摸条狗啊，闹得这一家鸡犬不宁。这家人想了许多法子来抓狐狸，可是都没有抓到。

后来，有人给他家出了个主意，说："老虎是山里的百兽之王，普天下的兽类见了它，都会吓得魂飞魄散，一个个只能趴在地上等死。"楚人感到此话有理，于是就用竹篾(miè)编了一个老虎模型，再用一张虎皮套在外面，放在自家的窗户下。

没过几天，狐狸又来骚扰了，它刚一进院门就撞见了这个老虎模型，直吓得大叫一声，即刻就倒在地上，只剩下束手就擒的份儿了。

又有一天，不知从何处来了一头野猪，窜到这户人家的地里去糟蹋庄稼。于是，楚人又将老虎模型预先埋伏在草丛之中，同时派自己的儿子手执利戈，守候在大路上。一切安排就绪以后,他就让那些在地里干活的人齐声大喊,吓得那头野猪赶紧往草丛中逃生,可是在那里又看到了老虎模型,于是又折转身来,往大路上奔去,结果就被守候在大路上的儿子给抓获了。

有了这两次经历以后,楚人兴奋异常,他以为凭着这个老虎模型就可以降伏天下所有的野兽了。恰在此时,野外又发现了一种形状像马的动物,这位楚人立即带上老虎模型前往驱赶。有些见多识广的人出面劝阻楚人:"这种形状像马的动物就是'駮'(bó)呀,它连真的老虎都会吃掉,你又何必带个假的老虎模型去送死呢?你这样去是要遭殃的!"可是楚人却听不进这善意的劝告,依然孤身前往。他到了野外之后,只见那像马的駮吼声如雷,一下子就冲到了楚人面前,迅速踢翻了他带去的老虎模型,接着就用前爪将楚人抓住,拼命撕咬,不一会儿就将楚人咬死了。

寓意解读

楚人制造的老虎模型,本来是只能用来吓唬狐狸和野猪一类并不强大的敌手的。可是他却错误地以为老虎模型无往不胜,结果在遇上真正的强敌之后,只能落得个粉身碎骨的可悲下场。

眼盲心明

有一个眼睛失明的少年擅长弹琴和击鼓。

邻里有一个书生过来问他:"你有多大年纪了?"

少年说:"15岁了。"

"你什么时候失明的?"

少年答:"3岁的时候。"

"那么你失明已经有12年了,整天昏天黑地,不知道日月山川和人间社会的形态,不知道容貌的美丑和风景的秀丽,岂不是太可悲了吗?"

那失明的少年笑着说:"你只知道盲人是盲的,而不知道不盲的人实际上也大都是盲的。我虽然眼睛看不见,但四肢和身体却是自由自在的。听声音我便知道是谁,听言谈便知道是或非。我还能估计道路的状况来调节步速的快慢,很少有跌倒的危险。我全身心地投入自己所擅长的工作中去,精益求精,而不用浪费精力去应付那些无聊的事情。这样久而久之也就习惯了,我不再为眼睛看不见东西而感到痛苦。可是当今某些人虽然有眼睛,但他们利令智昏,十分热衷丑恶的东西,不会分辨贤明与愚笨,不能解释邪与正,不知治与乱的原因,诗书放在眼前却成天胡思乱想,始终不能领会其要旨。还有的人倒行逆施,胡作非为,跌倒之后还不清醒,最后掉进了罗网。这些人难道没有眼睛吗?那些睁着眼而昏天黑地乱窜的人难道不也是盲人吗?他们实际上比我这个生理上的盲人更可悲可叹呀!"

书生无言以对。

寓意解读

> 这个故事揭示了这样一种生活哲理:生理上的盲固然可叹,心理上的盲更为可悲。眼睛失明是一大缺陷,但如果扬长避短,全神贯注于所擅长的事业中去,也能做出很大的成绩,领悟到深刻的人生道理。而如果昏昏然过日子,甚至胡作非为、倒行逆施,即使双目明亮、四肢发达,也是一个不明事理、不通人性的"睁眼瞎"和"人形兽"。

不知趣的猎狗

艾子喜欢打猎,那骑在马上追逐鸟兽的感觉真是痛快极了。为了打猎的爱好,艾子养了一条非常善于抓兔子的猎狗和一头机警敏捷的猎鹰。每次外出打猎,艾子都要带上他的猎狗和猎鹰。凡是捕到兔子,艾子就必定掏出兔子的心肝给猎狗吃。因此,每次一捉到兔子,猎狗就摇着长尾巴,竖起一双前腿,不停地上下跳跃,等着艾子喂它吃兔子的心肝。

一天,艾子又外出打猎。山上兔子很少,转悠了大半天还未发现一只兔子,猎狗的肚子已饿得咕咕直叫。正在这时,艾子忽然看见有两只兔子从草丛中出来,向林中一片灌木丛跑去,艾子放出猎鹰去追捕兔子。两个兔子敏捷地在灌木丛中乱跳乱窜,猎鹰上下腾飞追捕。这时,猎狗也飞跑过去,对准兔子猛扑过去,不料,误咬住了猎鹰。结果,猎鹰被咬死了,那两只兔子却乘机逃走了。

艾子跑上前来,见此情景,十分伤心。他把死鹰拿在手里,又是懊悔又是气愤,不觉掉下泪来。正在这时,猎狗又像从前那样,竖起它的一双前爪,在艾子面前上下跳跃,摇头摆尾,像立了大功似的看着艾子,等待艾子喂它吃心肝。

艾子瞪着猎狗,气不打一处来。他大声斥骂道:"你这不知趣的狗!干了坏事,还好意思来邀功领赏?"

寓意解读

生活中有些人与这猎狗颇为相似,自己明明做了错事,不但缺乏自知之明,反而还自以为是地希望得到优厚的报酬,真是厚颜无耻。

蚂蚁的恐惧

有一个人,漫不经心地将一盆水倒在地上,水很快向四周漫溢开去。地上有一棵小草被水冲起,浮在水面上犹如一叶小舟。小草上面正好有一只小蚂蚁,它看到四面漫溢的水,不知道这水面到底有多阔,水底究竟有多深。蚂蚁伏在草叶上惊慌失措,"天哪!我该向哪里逃生?这大水哪个方向有岸呢?完了,这下全完了!"蚂蚁绝望了。

还没等蚂蚁想清楚这一切,水已流完,干枯了。草倒伏在地上,蚂蚁已经看不到水了,只剩下一片还有些潮湿的地面。蚂蚁连忙牵动着它那细小如丝的腿,急速地爬出"小舟",它很快就见到了它的那一群同伴。一见到同伴,这只蚂蚁忽然痛哭起来,好像经历了一场天大的劫难似的,泪流满面地向朋友们哭诉了它的经历。它泣不成声地对朋友说:"我的朋友们啊,你们差一点就见不着我了。就在刚才那一瞬间,我差一点被那险恶的大水淹死了啊!"

"是吗?太可怕了!"众蚂蚁惊恐万分,它们听完这只"幸运"地活着回来的蚂蚁的经历后,都难过万分,一个个擦着眼泪。

小小蚂蚁哪里知道世界之大?你看,它们刚刚经历过水的危险,而此刻又爬到了大路边,抬头一看,前面正是足够两驾大车并行的四通八达的道路。而这一切，只不过就是人的低首抬头而已呀！

寓意解读

世界是广阔的，那些眼光短浅、少见多怪的人其实是愚昧可笑的。

痴心妄想

有个城里人非常贫穷，每天都过着吃了上顿不知道下顿的生活。即便这样，他还是不愿意脚踏实地地干活，一天到晚做着发财梦。

一天，他出去的时候偶然在草堆里拾到一个鸡蛋，这下他大喜过望，兴冲冲地奔回去，还没进门就大叫："我有家产了，我有家产了！"妻子忙问："家产在什么地方？"他小心翼翼地拿出拾来的鸡蛋给妻子看，说："喏，这个就是。只不过必须等到十年之后，家产才能有呢。"于是，他便和妻子商量说："我拿这个鸡蛋去找邻居，借他家正在抱窝的母鸡孵它。等小鸡孵出来，我从中挑个小母鸡。小鸡长大后可以下蛋，一个月又可以孵出15只鸡。两年之内，鸡生蛋，蛋生鸡，这样可以得到300只鸡，300只鸡能够换来10金。我用这10金可以买来5头母牛，母牛生母牛，三年以后可以得到25头母牛。长大的25头小母牛，又可以再生母牛，再过三年就可以得到150头牛，这样，又可以换得300金了。我拿着这300金去放高利贷，三年之中可以得500金。这500金中，用三分之二买田产房屋，用三分之一买僮仆、小妾，我便可以与你一起快乐自在地度过晚年了，这不是很快活的事吗？"

妻子开始还好，听到后几句话，不由勃然大怒："什么，你还敢买小妾！"一下子气不打一处来，趁着丈夫不注意，扑过去一下把鸡蛋打碎了，说："那就不要留下这个祸根！"

丈夫一看鸡蛋随着梦想一起被打碎了，气极了，便取过鞭子狠狠地抽打妻子。打完了还不解气，又到衙门去告状，说："这个恶妇，偌大的家业败得一文不剩，我请求杀了她。"

官老爷奇怪地问："你的家业在哪里呢？现在又败成了什么样子？"

这个人便从拾到一个鸡蛋说起，一直说到要买小妾，原原本本地告诉了官老爷。官老爷想了想，就命令衙役把他妻子抓了起来，呵斥她说："这么大的一个家业，被你这个恶妇一手毁尽了，不杀了你不足以抵罪！"接着就下令架起油锅，将油烧得滚开。那妻子见了后，吓得面无人色，号啕大哭起来："官老爷啊，你可得做主啊，我是冤枉的啊！"

"说，你还有什么冤枉！"

"我丈夫说的一切都是还没有成为事实的事,为什么要烹我呢?"

"你丈夫说买妾,也是没有成为事实的事,你为什么要嫉妒呢?"

"道理是这样,但是铲除祸根要趁早啊!"

官老爷听了,笑了笑,放她走了。

寓意解读

> 本来就只是痴心妄想罢了,一个煞有介事地将虚妄当作现实,一个还以此为依据大发脾气。丈夫和妻子真是既愚蠢又可笑。
>
> 我们不管做什么事,都要脚踏实地,不能学这对夫妻把虚幻的东西作为根基。

还是盲人好

有两个人,生下来就是瞎子,从没见过火红的太阳和翠绿的树木。可是他们并不觉得有什么不好,相反,他们听说了世道的艰难、劳作的辛苦后,倒觉得做瞎子也不错,可以不用去尽一个正常人应尽的责任。

有一天,这两个瞎子出去有点事,相约同行。一边走一边聊着天,慢慢地又说到自己身上来了。他们议论说:"这个世界上,还有人比盲人更好的吗?看得见的人从早到晚奔忙不停,尝尽了辛劳,农夫更是忙得厉害,哪里能像我们盲人一样清闲自在呢?"说话间,语气颇为得意。

正好有几个农夫走在这两个盲人旁边,无意间听到了他们的对话,非常生气,纷纷说:"这两个瞎子,实在是不知好歹,不但不懂得多加努力来弥补天生的不足,还要嘲笑我们农夫不如他们。一定得给他们个教训,让他们瞧瞧做盲人到底好不好?"

这么商量着,几个农夫便假装成官家的人,大呼小叫地对着两个盲人走过去,一路喊道:"官老爷来了,快闪开让道!"到了两个盲人面前,一个农夫断喝一声:"大胆刁民,官老爷来了,竟敢不回避!"然后几个农夫一起上去,用锄头把两个盲人各打了一顿,叫骂着把他们赶到一边。农夫们出了气,在一起暗笑说:"这回,那两个盲人该看清自己的缺陷了吧!且让我们去悄悄地听一听他们还能说些什么。"

盲人平白无故地挨了一顿打,狼狈不堪,摸着痛处叫苦不迭。一个盲人说:"唉,毕竟还是盲人好啊!如果刚才是看得见的人,看见了官老爷不回避,那不仅要挨打,打完以后还要问罪呢,你我多幸运啊!"

寓意解读

这两个盲人盲目地自满自足,自动地降低对自己的要求,这比他们有缺陷更加可悲。如果我们也常常安于现状,不思进取,就算是正常人,又和这两个盲人有什么不同呢?

得意忘形的老虎

从前有一个农夫,他家的地在一片芦苇地的旁边。那芦苇地里经常有野兽出没,他担心自己的庄稼被野兽毁坏了,就总是拿着弓箭到庄稼地和芦苇地交界的地方去巡视。

这一天,农夫又来到田边看护庄稼。一天下来,没有什么事情发生,平平安安地到了黄昏时分。农夫见还安全,又感到有些累了,就坐在芦苇地边休息。

忽然,他发现苇丛中的芦花纷纷扬起,在空中飘来飘去。他不禁感到十分疑惑:"奇怪,我并没有靠在芦苇上摇晃它,这会儿也没有一丝风,芦花怎么会飞起来呢?也许是芦苇丛中来了什么野兽在活动吧?"

这么想着,农夫提高了警惕,站起身来一个劲地向芦苇丛中张望,观察是什么东西隐藏在那里。过了好一会儿,他才看清楚,原来是一只老虎!只见它蹦蹦跳跳的,时而摇摇脑袋,时而晃晃尾巴,看上去好像高兴得不得了。

老虎为什么这样撒欢呢？农夫想了想，认为它一定是捕捉到什么猎物了。老虎得意得简直忘了形，完全忘了注意周围会有什么危险，屡次在芦苇丛中跳起，将自己的身体暴露在农夫的视线里。

农夫悄悄藏好，用弓箭瞄准老虎现身的地方，趁它又一次跃起，脱离了芦苇丛的遮挡后，就一箭射过去。随着一声凄厉的叫声，老虎倒在了芦苇丛中。

农夫过去一看，老虎前胸插着箭，身下还压着一只死獐子。

寓意解读

老虎捕到了獐子高兴万分，却没料到会暴露自己，中箭而死，真可谓是乐极生悲。人生在世，应该谨慎从事，不要被一时的胜利冲昏头脑，以致丧失对危险的警惕，否则，就会埋上灾祸的隐患。

黑羊救命

农夫家里养了三只小白羊和一只小黑羊。三只小白羊常常因为自己雪白的皮毛而感到骄傲，对小黑羊不屑一顾："你看看你身上像什么？黑不溜秋的，像锅底！""像穷人穿了几代的旧被褥，脏死了！"

就连农夫也瞧不起小黑羊,常给它吃最差的草料,还时不时地抽它几鞭。小黑羊过着寄人篱下的日子,经常伤心落泪。

初春的一天,小白羊与小黑羊一起外出吃草,走了很远。不料突然下起了鹅毛大雪,它们只得躲在灌木丛中相互依偎。不一会,灌木丛周围全铺满了雪,因为雪太厚,小羊们只好等待农夫来救它们。

农夫上山寻找,但因为四处雪白,根本看不清羊羔在哪里。突然,农夫看见远处有一个小黑点,跑过去一看,果然是他那濒临死亡的四只羊羔。农夫抱起小黑羊,感慨地说:"多亏你这只小黑羊呀,不然,它们都要冻死在雪地里了!"

寓意解读

这个故事告诉我们:十个指头有长短,荷花出水有高低。我们不能一叶障目,厚此薄彼,而应因人而异,最大限度地激发每个人的潜能。

画蛇添足

有个楚国贵族,祭祀过祖宗后,把一壶祭酒赏给门客们喝。门客们拿着这壶酒,不知该如何分配。他们觉得,这么多人喝一壶酒,肯定不够,还不如干脆给一个人喝,喝得痛痛快快更好些。

可是到底给谁好呢？于是，门客们商量了一个好主意，就是每个人各自在地上画一条蛇，谁先画好这壶酒就归谁喝。大家都同意这个办法。

门客们一人拿一根小棍，开始在地上画蛇。

有一个人画得很快，不一会儿，他就把蛇画好了，于是他把酒壶拿了过来。正待他要喝酒时，一眼瞅见其他人还没画完，便十分得意，一边拿起小棍，一边自言自语地说："看来我再给蛇添上几只脚，他们也未必能画完。"边说边给画好的蛇画脚。

不料，这个人还没画完脚，手上的酒壶就被旁边一个人一把抢了过去。原来，那个人的蛇画完了。

这个给蛇画脚的人不依，说："我最先画完蛇，酒应归我喝！"

那个人笑着说："你到现在还在画，而我已经完工，酒当然是我的！"

画蛇脚的人争辩说："我早就画完了，刚才趁时间还早，不过是给蛇添几只脚而已。"

那人说："蛇本来就没有脚，你要给它添上那你就添吧，酒反正你是喝不成了！"

因此，那人毫不客气地喝起酒来，那个给蛇画脚的人只能眼巴巴地看着本属于自己而现在正在被别人喝的酒,后悔不已。

寓意解读

有些人自以为是,喜欢节外生枝,卖弄自己,结果往往弄巧成拙,不正像这个画蛇添足的人吗?

《三国演义》第一百一十回:"张翼谏曰:'将军战绩已成,威声大震,可以止矣,今若前进,倘不如意,正如画蛇添足也。'"画蛇,就要像一条蛇,添上脚,就成了"四不像"。做任何事情都要实事求是,不卖弄聪明,不节外生枝。否则,非但不能把事情做好,反而会把事情办糟。

狐假虎威

老虎是森林中的霸王。它捕杀各种各样的野兽来充饥。野兽们都怕它,看见它就躲得远远的。

狐假虎威

一天,老虎逮住一只狐狸,正要下口,狐狸说话了:"你竟敢吃我!你知道不知道,我是玉皇大帝派来管理森林中的野兽的。今天你要是吃了我,你就违抗了玉皇大帝的天命!"

老虎从鼻子里哼了一声,心想:谁不知道我是百兽之王,今天怎么又冒出来一个百兽之长呢?

狐狸从老虎的表情中看出来它在怀疑,就说:"你要是不信,咱们就试试。我在前面走,你在后面瞧,看看森林中大大小小的野兽,有哪个见了我不逃跑的?"

老虎想:对啊,口说是虚,眼见为实。我紧跟在它后边,量它也逃不出我的手掌心。

于是,狐狸在前,老虎在后,向着森林深处走去。狐狸知道老虎就在背后,不用担心别的野兽会来偷袭,就故意摆出一副不可一世的样子,大摇大摆地走着。老虎为了看得清楚,又怕狐狸冷不丁儿逃了,就一步不落地在后边紧跟着。果然,小兔子、小猴子吓得没命地逃了,野猪和恶狼撒腿溜了,连凶猛的金钱豹和独角犀牛也远远地躲进树丛里去了。

狐狸更加神气了,胸脯挺得高高的,连肚子都腆起来了。

傻里傻气的老虎还真信了,对狐狸佩服得五体投地。老虎做梦也没想到,大大小小的野兽见了它们没命地跑,根本不是怕狐狸,而是怕它自己。

寓意解读

这是一则家喻户晓的寓言故事,说的是狐狸凭自己的智谋逃出了虎口。后用"狐假虎威"来比喻依仗别人的势力欺压人。狡猾的狐狸凭借老虎的威风,在森林中吓唬其他动物,但是,狡诈的手法不能使狐狸改变虚弱的本质。把戏一旦被戳穿,它非但会受到群兽的围攻,还将会被老虎吞吃。这说明仗势欺人的坏蛋,虽然能够嚣张一时,但最终绝不会有好的下场。

滥竽充数

古时候,齐国的国君齐宣王爱好音乐,尤其喜欢听吹竽,手下有三百个善于吹竽的乐师。齐宣王喜欢热闹,爱摆排场,总想在人前显示做国君的威严,所以每次听吹竽的时候,总是叫这三百个人一起合奏给他听。

有个南郭先生听说了齐宣王的这个癖好,觉得有机可乘,是个赚钱的好机会,就跑到齐宣王那里,吹嘘自己说:"大王啊,我是个有名的乐师,听过我吹竽的人没有不被感动的,鸟兽听了会翩翩起舞,花草听了会合着节拍颤动,我愿把我的绝技献给大王。"

齐宣王听了很高兴,不加考查,很痛快地收下了他,把他也编进那支三百人的吹竽队中。

这以后,南郭先生就随那三百人一块儿合奏给齐宣王听,和大家一样拿优厚的薪水和丰厚的赏赐,心里得意极了。

其实南郭先生撒了个弥天大谎,他压根儿就不会吹竽。每逢演奏的时候,南郭先生就捧着竽混在队伍中,人家摇晃身体他也摇晃身体,人家摆头他也摆头,脸上装出一副动情忘我的样子,看上去和别人一样吹奏得挺投入,还真瞧不出什么破绽来。

南郭先生就这样靠着蒙骗混过了一天又一天,不劳而获地白拿薪水。

可是好景不长,过了几年,爱听竽合奏的齐宣王死了,他的儿子齐湣(mǐn)王继承了王位。齐湣王也爱听吹竽,可是他和齐宣王不一样,认为三百人一块儿吹实在太吵,不如独奏来得悠扬逍遥。于是齐湣王发布了一道命令,要这三百个人好好练习,做好准备,一个个轮流吹竽给他欣赏。

乐师们知道命令后都积极练习,想一展身手。只有那个滥竽充数的南郭先生急得像热锅上的蚂蚁,惶惶不可终日。他想来想去,觉得这次再也混不过去了,只好连夜收拾行李逃走了。

寓意解读

像南郭先生这样不学无术靠蒙骗混饭吃的人,骗得了一时,骗不了一世。他不学习,不劳动,靠欺骗过日子,这样的人虽然能蒙混一时,但迟早要露出马脚。假的就是假的,最终逃不过实践的检验而被揭穿伪装。人应该用诚实的劳动(包括体力劳动和脑力劳动)为社会作出贡献。人的能力有大有小,但只要是尽了力,就会赢得尊重。像南郭先生那样的人,最终会成为大家耻笑的对象。

老鼠报恩

狮子睡着了,有只老鼠跳到了他身上。狮子猛然站起来,把它抓住,准备吃掉。老鼠请求饶命,并说如果保住性命,必将报恩,狮子轻蔑地笑了笑,便把它放走了。

不久,狮子真的被老鼠救了性命。原来狮子被一个猎人抓获,并用绳索把它捆在一棵树上。老鼠听到了它的哀号,走过去咬断绳索,放走了狮子,并说:"你当时嘲笑我,不相信能得到我的报答,现在知道了吧,老鼠也能报恩。"

寓意解读

这则寓言故事说明,时运交替变更,强者也会有需要弱者的时候。

蝉和蚂蚁

有一只蝉,它夏天忙着唱歌,秋天忙着跳舞,一点儿也不准备过冬的粮食。而勤劳的蚂蚁兄弟们已经为冬天储备了许多好吃的。

一转眼,秋天过去了,大雪覆盖大地,那只蝉被冻得瑟瑟发抖,饿得肚子"咕咕"直叫。而蚂蚁们则津津有味地吃着它们储备的粮食。

于是,蝉去问蚂蚁讨吃的。

看着蝉狼吞虎咽的样子,蚂蚁说:"你在夏天唱歌,秋天跳舞,冬天也只能饿得发抖了。"

寓意解读

我们不能像蝉一样,整天吃喝玩乐,不准备粮食,到冬天向别人讨吃的;要像蚂蚁一样,勤奋劳动,冬天才不会饿肚子。现在我们应该勤奋学习,将来才会有一番作为,才能开创一份大事业。这个故事会让我们记住:"少壮不努力,老大徒伤悲。"

惊弓之鸟

更羸(léi)陪同魏王散步,看见远处有一只大雁飞来。他对魏王说:"我不用箭,只要虚拉弓弦,就可以让那只飞鸟跌落下来。"魏王听了,耸肩一笑:"你的射箭技术竟能高超到这等地步?"更羸自信地说:"能。"

不一会儿,那只大雁飞到了头顶上空。更羸拉弓扣弦,随着嘣的一声弦响,只见大雁先是向高处猛地一窜,随后在空中无力地扑打了几下,便一头栽落下来。

魏王惊奇得半天合不拢嘴,拍掌大叫道:"啊呀,箭术竟能高超到这等地步,真是意想不到!"

更羸说:"不是我的箭术高超,而是因为这只大雁身有隐伤。"

魏王更奇怪了:"大雁远在天边,你怎么会知道它有隐伤呢?"

更羸说:"这只大雁飞得很慢,鸣声悲凉。根据我的经验,飞得慢,是因为它体内有伤;鸣声悲,是因为它长久失群。这只孤雁疮伤未愈,惊魂不定,所以一听见尖利的弓弦响声便惊逃高飞。由于急拍双翅,用力过猛,引起旧伤迸裂,才跌落下来的。"

寓意解读

细致的观察、严密的分析、准确的判断是更羸虚拉弓弦就能射落大雁的原因。这种观察、分析、判断的能力，只有通过长期刻苦的学习和实践才能培养出来。现在常用"惊弓之鸟"这一成语来形容受过惊吓后，遇到类似情况就惶恐不安的人。

九方皋相马

有一天，秦穆公对相马专家伯乐说："您年岁已经大了，您的亲属中有没有人能接替您来识别千里马呢？"

伯乐回答："识别一般的好马，这并不难。只要从体型、外貌、筋肉、骨架这几个方面就可以辨别出来。最难的是识别天下无双的千里马，那要从内在的气质上分辨，而这种气质是若隐若现、若有若无的，一般人观察不到。我那几个儿子都是庸才，他们只能识别一般的好马。我有个朋友叫九方皋，靠挑担卖柴为生。他的相马本领不在我之下，我愿意推荐给君王。"

秦穆公就把九方皋请来，让他出去寻访天下无双的宝马。

过了三个月，九方皋回来报告："您要的宝马已经找到了。"

秦穆公问:"是什么颜色的马?公的还是母的?"

九方皋想了一下回答说:"我印象中是一匹黄色的母马。"

秦穆公听他回答得不肯定,心中浮起一团疑云,便派人去把马牵回来。去的人回报说:"是一匹黑色的公马。"

秦穆公很不高兴。他把伯乐找来,埋怨他说:"真是糟糕透了!你推荐的那个九方皋连马匹的颜色是黄是黑,马匹的性别是公是母都分不清楚,怎么能称为相马专家呢?"

伯乐听了却连连赞叹:"了不起,真了不起啊!您说的这些情况正足以证明九方皋的相马技术比我还高明。他观察马,已经能够排除外部特征的干扰,集中精力去深入观察马的气质和神韵了。他取其精而忘其粗,重其内而忘其外。他注意的只是他需要观察的东西,忽略的正是他不需要观察的东西。这样的相马技术实在是难能可贵啊!"

马牵来后,经过试骑,果然是一匹天下无双的千里宝马。

寓言故事朗诵（第二版）

寓意解读

　　毛色、性别并不是千里马跟普通马的本质区别,光凭这些找不到千里马。这则寓言故事告诉我们:看事情不能只注意表面的东西,只有深入把握事物的本质特点,才能作出准确的判断。有时候,为了集中精力探索事物的本质特点,可以忽略某些非本质的方面,但并不是说非本质的特点就可以完全不管不顾。故事里说九方皋弄错了马匹的毛色、性别,带有夸张的成分,目的是为了突出故事的主题。

老鼠猖獗

　　古时候,永州有一个迷信思想十分严重的人。他的生肖属鼠,就把老鼠奉为神物。他不让家里人养猫、逮鼠,任凭老鼠在粮仓、厨房横行。于是,周围的老鼠都搬到他这里来安家。

　　白天,老鼠成群结队地在屋子里乱窜,肆无忌惮地在主人脚下追逐;夜晚,老鼠争食打架,吱吱怪叫,吵得人们无法入睡。他家的家具都被老鼠啃得千疮百孔,箱柜里的衣物也被咬成布屑碎片,就连全家人的一日三餐,也都是老鼠嘴下的残羹剩饭。但是,这个主人还是听之任之,严禁手下人捕捉老鼠。

几年以后,这家人搬到别的地方去住了。新来的主人看见老鼠猖獗的情景,简直惊呆了:"老鼠是最可恶的东西,怎么能任凭它猖狂到这等地步!"新主人借来了五六只善于捕鼠的大猫,又雇了几个帮工,把所有的门窗全都封死,把屋顶的砖瓦全部揭开,看见鼠洞,先是烟熏,再是水灌,然后逐个堵死。最后把捕杀的老鼠运到偏僻的地方,堆成了小山丘,那腐烂的臭味过了几个月才散尽。

寓意解读

对于害人的东西,不能因任何理由而包庇纵容,姑息养奸,否则,它们就会猖狂到不可收拾的地步。正确的方法只有一个,像寓言中新搬来的住户那样,采取坚决有力的措施,把它们彻底消灭!

鲁班刻凤

鲁班是古代著名的能工巧匠。有一次,他精心刻制一只凤凰。

工作才进行到一半,凤冠和凤爪还没有刻完,翠羽也没有披上,旁观的人就开始指指点点,品头论足了。有的指着没有羽毛的凤身,说是像一只白毛老鹰;有的摸着没安羽冠的凤头,称它为秃头白鹅。人们都嘲笑鲁班的笨拙。

鲁班没有理会人们的嘲讽，继续精心雕琢。待到完工的时候，人们简直惊呆了——翠绿的凤冠高高耸立，朱红的凤爪闪闪发亮，全身锦绣般的羽毛像五彩缤纷的霞光，两只美丽的翅膀一张一合像升起的一道道彩虹。鲁班拨动机关，凤凰张开翅膀，在屋梁的上下盘旋翻飞，整整三天不落地面。

于是，人们纷纷赞美凤凰的神采，称道鲁班的奇才。

寓意解读

凤凰还没有刻成，品头论足的人就开始议论。他们都只从自己看到的一个角度加以评述，结论当然是不对的。

这则寓言告诉我们：要学会客观地、全面地观察事物；对于不符合事实的议论，最好的回答是像鲁班那样——拿出实际的成果来。

狡猾的蝙蝠

凤凰是百鸟之王。凤凰过生日，百鸟都来祝贺，唯独蝙蝠没有露面。

凤凰把它召来训斥道："你在我的管辖之下，竟敢这样傲慢！"

蝙蝠蹬着双脚说："我长着兽脚，是走兽国的公民。你们飞禽国管得着我吗?"

过了几天,麒麟做寿。麒麟是百兽之王。百兽都来拜寿,蝙蝠仍旧没有露面。

麒麟把它召来训斥道:"你在我的管辖之下,竟敢如此放肆!"

蝙蝠拍拍翅膀说:"我长着双翅,是飞禽国的公民。你们走兽国管得太宽了吧!"

有一天,凤凰和麒麟相聚,说到蝙蝠的事,才知道它在两边扯谎。凤凰和麒麟摇头叹息,不胜感慨:"现在的风气也太坏了。偏偏生出这样一些不禽不兽的家伙,真是拿它们没有办法!"

寓意解读

人们现在还常常把两面派的人物称为蝙蝠。这些人见风使舵,左右逢源,不断改变自己的原则和立场,来投机钻营,谋取私利。但是,他们只能得逞一时,总有一天会暴露出两面派的丑恶嘴脸,遭到人们的唾弃。

截竿进城

鲁国有个人扛着根又粗又长的毛竹进城。到了城门口,他把毛竹竖起来拿,被城门卡住了;他把毛竹横着拿,又被两边的城墙卡住了。

他折腾了半天,累得气喘吁吁,还是进不了城。

旁边有个老头儿边看边乐:"你可真是个大草包!脑袋瓜儿里就只有一根弦!我这一大把年纪,过的桥比你走的路还多,你怎么不请教请教我呢?"

卖毛竹的人连忙向他打躬作揖:"您老多指教吧!"

老头儿捋(lǚ)着白胡子说:"这事儿简单。你把毛竹锯为两段,不就进去了吗?"

"毛竹锯断了就不顶用了。"

"那总比你卡在城外强吧!"

卖毛竹的人就借了把锯子,把毛竹锯断,拿进城去了。

寓意解读

如果说扛毛竹的人愚蠢可笑的话,那么,那个喜欢摆老资格、教训人的白胡子老头儿更加蠢笨。有些"老资格"总是喜欢按老经验、老规矩办事,他们不善于根据实际情况灵活地考虑极简单,甚至是一般常识范围内的问题,结果出了很多馊主意。

古琴价高

从前有位制琴技师,名叫工之侨。一次,他得到一段质地优良的梧桐木。他用这段木头精心制作了一张琴,安上弦以后,弹出的琴声叮咚作响,时而如行云流水,时而又像金玉撞击,动听极了。

工之侨自认为这是天下最好的一张琴了,就把它献给朝廷的乐官。乐官让乐工来鉴定。乐工们一看,都把头摇得像拨浪鼓似的,说:"这张琴不是古琴!"乐官就把琴退还给了工之侨。

工之侨回到家里,请漆匠在琴身上画了一条条断裂纹,又请书法家在琴身上刻上古字。然后,用匣装好,把琴埋在土里。一年以后,工之侨把琴从地下挖出来,打开匣盖一看,只见琴身上长满了绿苔和一块块霉斑。

工之侨便带着这张琴到市场上卖。一个阔人用高价买走了,把它当作珍宝献给朝廷的乐官。那些乐工们打开琴匣一看,都把头点得像鸡啄米似的,连声称赞说:"好琴,好琴!这是一张地地道道的古琴,真是世上少有的珍宝啊!"

寓意解读

对待那些盲目崇拜古董的乐官、乐工,工之侨采取以毒攻毒的办法,揭了他们的老底,出了他们的洋相——原来他们的好古是盲目的。现实生活中也有盲目崇洋,盲目仿古,只看表面,不看实质的人,这则寓言可以作为他们的一面镜子。

海龟和蚂蚁

从前东海有一只大海龟,它能把蓬莱山顶在头上,在海面上自如地遨游。

住在几百里地以外的一只红蚂蚁听到了关于海龟的传闻,就约了一群蚂蚁,翻山越岭,来到海边,想亲眼看看海龟的本领。它们在海边等了足足有一个多月,却始终不见海龟浮出海面。

蚂蚁们不耐烦了,吵着要返回老家去。突然风呼海啸,巨浪排空,整个大地都在震动。蚂蚁们齐声嚷嚷:"海龟出海了,海龟出海了!"大海沸腾了好几天,之后,风停了,浪平了,大地也停止了震动。这时,只见地平线上有一座齐天高的大山在慢慢地移动,顶着这座高山的正是那只神奇的海龟。

蚂蚁们齐声喝彩,惊叹不已。独有红蚂蚁撇撇嘴说:"海龟顶大山跟咱们顶米粒有什么两样?它顶着大山在海面上游动,咱们顶着米粒在土堆上爬行;它能够潜入海底,咱们能够钻进洞穴。我看没什么两样,只是表现方式不一样罢了。既然咱们自己就有这样高强的本领,何必翻山越岭来看海龟的表演呢?咱们回去吧!"

寓意解读

> 骄傲的人总是要贬低别人,抬高自己。这则寓言中的红蚂蚁也是这样。"虚心使人进步,骄傲使人落后",对待别人,要善于发现他们的长处,虚心向他们学习。这是一个人不断进步的前提。

邯郸学步

从前,燕国寿陵有一个人,总嫌当地人走路的姿势不好看。后来,他听说赵国首都邯郸的人走起路来特别带劲,就决心出国到邯郸去学走路。

一进邯郸城,他看到路上的行人,无论是老的、少的,走起路来都分外优雅。一举手、一投足都带有赵国首都居民特有的风度。那个燕国人就跟在行人后面一扭一摆地学起来。

学了几天，不见进步。他想，一定是我走路的习惯太顽固了，只有把原来的走法彻底忘掉，才有可能学到新的走法。

他决心从头学起，怎么抬腿，怎么跨步，怎么摆手，怎么扭腰，都机械地模仿邯郸人的姿势去做。但是，过了一段时间，新的走法没有学会，原来的走法倒真的忘记了。当他返回燕国的时候，连路都不会走了，只好爬着回去。

寓意解读

勤于向别人学习是应该肯定的，但是一定要从自己的实际出发，取人之长，补己之短。如果像燕国寿陵人那样，盲目鄙薄自己，一味崇拜别人，生搬硬套，亦步亦趋，结果必然是人家的优点没学来，自己的长处也丢光了。

和氏之璧

楚国人和氏，在楚山上得到一块未经雕琢的玉石。凭着多年的经验，他知道石头中间是一块价值连城的宝玉。他捧着玉石去献给楚厉王。厉王让玉匠鉴别。玉匠说是一块普通的石头。厉王十分生气，下令砍掉了和氏的左脚。

厉王死后，武王接位。和氏又捧着玉石去献给武王。武王手下的玉匠依然一口咬定是块普通的石头。武王又下令砍掉了和氏的右脚。

武王死后,文王登基。和氏抱着那块玉石在楚山脚下号啕大哭,哭了三天三夜,眼泪流干了,滴出了血。文王听到这件事后,就派人问和氏痛哭的原因。

和氏说:"我不是为被砍去了的双脚而伤心,我只恨乾坤颠倒,黑白混淆,宝石被说成石头,忠诚被诬为欺诈。这才是最令人痛心的啊!"文王吩咐玉匠把和氏奉献的玉石凿开来验看,发现里面果然是一块上好的宝玉。后来,世上就把这块宝玉称为"和氏之璧"。

寓意解读

在事实和真理面前,敢于坚持自己正确的认识,不怕砍去双脚,甚至不怕杀头,这就是和氏可贵的品格。正因为有了不懈的坚持,和氏终于使文王得出了合乎事实的结论,恢复了他的名誉,并使宝玉得见天日。对待是非都应持有这种精神。

河豚发怒

有一种鱼叫河豚,小脑袋,大肚子,喜欢在木桥的柱子之间游来游去。

一天,风和日丽。河豚边唱歌边游泳,不小心,一头撞在桥柱子上。河豚顿时怒气冲冲，无论如何也不肯游开。它怨恨桥柱子碰撞自己。它的两腮张开了，身上的鳍（qí）也竖起来了，肚子气得鼓鼓的，浮在水面上，瞪着血红的眼睛要跟桥柱子算账。

这时候，有只老鹰飞来，伸出利爪，一把抓住圆鼓鼓的河豚，撕裂了它的肚皮，把它吃掉了。

寓意解读

遇到不痛快的事情，心胸要开阔，态度要冷静，要分析原因，从中得出必要的教训和启示。如果像河豚那样，一味怨天尤人，意气用事，那么，事情只会越来越糟。

后羿射箭

后羿是古代著名的神箭手。

有一天，夏王让他表演箭术。靶子是用一尺见方的兽皮制成的，正中画了直径为一寸的红心。

后羿微微一笑，毫不在意。

临射前，夏王突然宣布："射中了，赏你一万两黄金；射不中，剥夺你拥有的封地。"

后羿听了，顿时紧张起来，脸色一阵红一阵白，胸脯一起一伏，怎么也平静不下来。就这样，他拉开了弓，射出第一支箭。箭身擦着靶子,飞到一边去了。

后羿更加紧张了,拿弓的手也开始颤抖起来。他勉强射出了第二支箭。羽箭远离靶子落在地上。围观的人连连发出嘘声。

夏王问大臣弥仁:"后羿平时射箭是百发百中的,为什么今天连射两箭都脱靶了呢?"

弥仁说:"后羿是被患得患失的情绪害了。大王定下的赏罚条件成了他的包袱,所以,他的表现很不正常。如果人们能够排除患得患失的情绪,把厚赏重罚置之度外,再加上刻苦训练,那么,普天下的人都可以成为神箭手,一点儿也不会比后羿差。"

寓意解读

神箭手后羿在重金和封地的得失面前,完全失去了常态。类似的现象在我们的生活中也会遇到。背上患得患失的包袱,即便有高超的技艺,也发挥不出来。这则寓言告诫人们:遇事应当看得远一些,站得高一些,摆脱患得患失思想的束缚。

糊涂的麋鹿

临江有个猎人捉到一只还在吃奶的小麋鹿。他十分爱怜这只温顺的小动物，决定抱回家中饲养。

猎人刚跨进家门，十几条猎狗就一拥而上，目露凶光，口流涎水，想吃小麋鹿。猎人大怒，棒打脚踢，把猎狗狠狠地教训了一顿。为了沟通狗和麋鹿之间的感情，猎人就每天抱着小麋鹿到狗群中去，让它们相互熟悉。只要哪只猎狗稍稍流露一点不良的意图，猎人立刻就把它毒打一顿。

时间一久，小麋鹿跟这群猎狗混熟了。它们经常在一起玩耍，追逐打滚，十分亲昵。这些猎狗虽然很想尝尝鲜嫩的鹿肉，但是惧怕主人的鞭子，只能把唾沫往肚子里咽。小麋鹿呢，仗恃着主人的保护，得意忘形，忘了狗是自己的天敌，反而把狗当成了好伙伴。

三年后的一天，小麋鹿自个儿跑到大门外去玩耍。它看见远处有一群狗在追逐嬉闹，立刻撒开四蹄跑进狗群跟它们一起玩耍。这群狗发现了小麋鹿，呼啦一下猛扑了上来，顿时把小麋鹿撕碎吃掉，只剩下满地的污血和残毛。

可怜的小麋鹿到死也没有弄明白，为什么这些狗朋友一下子变成了凶残的敌人。

寓意解读

小麋鹿惨死的悲剧告诉我们一个深刻的道理：看人看事，一定不要被假象所迷惑，而是应深入观察、分析，准确地把握实质，从而分清是非善恶，采取正确的态度和处理方法。

画鬼最容易

有位画师替齐王画画。

齐王问他："画什么东西最难？"画师回答："狗、马这一类最难画。"

齐王又问："画什么最容易？"画师说："画妖魔鬼怪最容易。"

齐王不明白。画师解释说："狗、马这些动物，人人都熟悉，天天都看见，画得有一丁点儿不像，谁都能指出来。至于妖魔鬼怪那就不一样了。它无形无影，谁都没见过，任凭我怎么画，谁也说不出我画得哪儿不像，所以画妖魔鬼怪最容易。"

寓意解读

这则寓言故事虽短，说明的道理却很深刻：不着边际地胡言乱语容易，老老实实地做事情却要付出大力气。

> 但是，胡言乱语对社会只有害处，老老实实办事才是应持的正确态度。所以，我们宁愿辛辛苦苦、踏踏实实地做一些对社会有益的事情，也决不贪图虚荣而胡言乱语。

大脖子病人

南岐坐落在陕西、四川一带的山谷中。那里的居民很少跟山外人交往。南岐的水很甜，但是缺碘。常年饮用这种水就会得大脖子病。南岐的居民没有一个脖子不大的。

有一天，从山外来了一个人，这就轰动了南岐。居民们扶老携幼都来围观。他们看着看着，就对外地人的脖子议论开了："唉，他大婶，你看那个人的脖子。"

"他二嫂，真怪呀，他的脖子怎么那么细那么长，难看死了！"

"干干巴巴的，他的脖子准是得了什么病。"

"这么细的脖子，走到大街上，该多丢丑！怎么也不用块围巾裹起来呢？"

外地人听了，就笑着说："你们的脖子才有病呢，那叫大脖子病！你们有病不治，反而来讥笑我的脖子，岂不笑死人了！"

南岐人说："我们全村人都是这样的脖子，肥肥胖胖的，多好看啊！你掏钱请我们治,我们还不干呢!"

寓意解读

闭关自守、孤陋寡闻只会使人目光短浅、盲目自大,甚至发展到是非颠倒、黑白混淆的地步。成语"夜郎自大"和这则寓言故事为我们提供了这样的典型。

东施效颦

春秋时期,越国有一位美女名叫西施,无论举手投足还是音容笑貌,样样都惹人喜爱。西施略用淡妆,衣着朴素,走到哪里,哪里就有很多人向她行注目礼,没有人不惊叹她的美貌的。

西施患有心口疼的毛病。有一天,她的病又犯了,只见她手捂胸口,双眉皱起,流露出一种娇媚柔弱的女性美。当她从乡间走过的时候,乡里人无不睁大眼睛注视着她。

乡下有一个丑女子,名叫东施,相貌一般,没有修养。她平时动作粗俗,说话粗声大气,却一天到晚做着当美女的梦。今天穿这样的衣服,明天梳那样的发式,却没有一个人说她漂亮。

这一天,她看到西施捂着胸口、皱着双眉的样子竟然博得那么多人的青睐,因此回去以后,她也学着西施的样子,手捂胸口,紧皱眉头,在村里走来走去。哪知这丑女的矫揉造作使她的样子更难看了。结果,乡间的富人看见丑女的怪模样,马上把门紧紧关上;乡间的穷人看见丑女走过来,马上拉着妻、带着孩子远远地躲开。人们见了这个怪模怪样模仿西施心口疼,在村里走来走去的丑女人,简直像见了瘟神一般。

这个丑女人只知道西施皱眉的样子很美,却不知道她为什么美,而只是简单地模仿她的样子,结果反被人讥笑。每个人都要根据自己的特点,扬长避短,寻找适合自己的形象,盲目模仿别人的做法是愚蠢的。

寓意解读

> 这个典故深刻地反映了内容与形式的关系,讽刺了那些不研究实质内容,只单纯地效仿表现形式的人。这则寓言还告诉我们:向别人学习要有正确的态度,一定要从自己的实际情况出发。盲目仿效,生搬硬套,只能收到适得其反的效果。

儿子和邻居

从前,宋国有个富翁。有一天,一场大暴雨把他家的土围墙冲倒了一段。雨停以后,他儿子说:"爹,快雇个泥瓦匠来修墙吧,要不,会有坏人进来偷东西的!"住在隔壁的一位老人也劝告富翁:"得把冲塌的墙赶快垒起来。盗贼多,围墙缺个口子会丢东西的!"没想到,当天夜里小偷就从缺口进到屋里,偷走了好多值钱的东西。事后,富翁全家对儿子大加称赞,说他想得周到,而对提出同样忠告的邻居却十分怀疑,认为东西可能就是那个老人偷的。

寓意解读

同一个建议,从儿子嘴里说出来的是忠告,从邻人嘴里说出来则成了猜疑的依据,这完全是凭着关系亲疏作出的主观判断。我们做任何事情绝不能仅凭主观臆测和个人感情,一定要注意调查研究,尊重客观事实。

曾子杀猪

一个晴朗的早晨,曾子的妻子梳洗完毕,换上一身干净整洁的蓝布新衣,准备去集市买一些东西。她出了家门没走多远,儿子就哭喊着从身后撵了上来,吵着闹着要跟着去。孩子不大,集市离家又远,带着他很不方便。因此,曾子的妻子对儿子说:"你回去在家等着,我买了东西一会儿就回来。你不是爱吃酱汁烧的蹄子、猪肠炖的汤吗?我回来以后杀了猪就给你做。"这话倒也灵验。她儿子一听,立即安静下来,乖乖地望着妈妈一个人远去。

　　曾子的妻子从集市回来时,还没跨进家门就听见院子里捉猪的声音。她进门一看,原来是曾子正准备杀猪给儿子做好吃的。她急忙上前拦住丈夫,说道:"家里只养了这几头猪,都是逢年过节时才杀的。你怎么拿我哄孩子的话当真呢?"曾子说:"在小孩儿面前是不能撒谎的。他们年幼无知,经常从父母那里学习知识,听取教诲。如果我们现在说一些欺骗他的话,等于是教他今后去欺骗别人。虽然做母亲的一时能哄得住孩子,但是过后他知道受了骗,就不会再相信妈妈的话了。这样一来,你就很难再教育好自己的孩子了。"

　　曾子的妻子觉得丈夫的话很有道理,于是心悦诚服地帮助曾子杀猪去毛、剔骨切肉。没过多久,曾子的妻子就为儿子做好了一顿丰盛的晚餐。

寓意解读

　　曾子用言行告诉人们:为了做好一件事,哪怕对孩子,也应言而有信,诚实无欺,身教重于言传。

　　一切做父母的人,都应该像曾子夫妇那样讲究诚信,用自己的行动做表率,去影响自己的子女和整个社会。

不怕鬼的和尚

合州有一座山神庙，庙里的山神是个不好侍候的鬼神。当地人每年按时供奉山神，丝毫不敢怠慢，山神稍有不如意，便一定会有灾祸降临到人们头上。特别是，每次祭祀山神用的祭品，都必须是牛、羊、猪三牲俱全。尽管这里耕牛十分珍贵、紧缺，但人们被庙里的山神吓怕了，只好忍痛杀牛供奉，年年如此，苦不堪言，不知何时才有个尽头。

话说蜀地有个和尚，法名善晓。这善晓和尚早年本是个做官的，只因看不惯官场黑暗，不愿同流合污，感到做官不遂心，于是出家做了和尚，弃官换了个自由。这一日，善晓和尚云游到了合州，听说了山神为害四方、给合州百姓带来苦难的事，他心中甚是不平。

善晓和尚拿了板斧，怒气冲冲直奔山神庙。他一脚踏进山神庙，便怒不可遏地用板斧指着山神塑像骂道："祭天祭地，都不用三牲这么厚的供品，你这样的鬼神算个什么东西，怎么竟敢狂妄地超过天地的尊严呢？况且牛是耕地少不了的，是百姓过日子的依靠，你滥施淫威，逼人们把牛羊杀了，献给你享用，也太过分了！今天，我要替他们来出出这口恶气！"说罢，善晓和尚举起斧头，使劲向塑像砸去。他一阵左砍右砸，直到把塑像砸得粉碎，这才停住。他看着昔日作威作福的山神,此刻不过是散瘫在地上的一堆废物,不由得痛快地哈哈大笑起来。

善晓和尚怒打山神的事,一下子传开了,合州上下一片惶恐。人们全都为善晓捏着一把汗,也十分担心山神会来报复。有人窃窃私语:"这下完了,山神绝不会善罢甘休的!"

可是,日子一天天过去了,不见有任何灾难降临,善晓和尚也一直安然无恙。老百姓这才如释重负,再也不用杀牛宰羊去供奉山神了,他们都对善晓和尚充满了感激之情。

寓意解读

在勇敢者面前,鬼神也只能以失败而告终。这则寓言故事告诉我们:首先不能被所谓的鬼神在精神上压倒,其次要有敢于抗争的精神,这样恶势力才不会为非作歹。

吝啬鬼

吝啬鬼

有个人的邻居是个十分吝啬的人,人们都叫他吝啬鬼。吝啬鬼家里粮满仓、柴成垛,可他还总是装穷叫苦,占别人的便宜。

一天,吝啬鬼家里来了客人,吝啬鬼把酒肉都藏了起来,装着很为难的样子,到邻居家借了几棵菜、一小盅油,回家煮了点稀饭"招待"了客人。晚上,等客人走后,吝啬鬼一家才又重新做了香喷喷的饭菜,舒舒服服地吃了一顿。其实吝啬鬼家的生活是很富裕的,可是他总希望着更加富裕。

一天,吝啬鬼忽然想起来要去祭土地神,因为他觉得土地神是能保佑他更加富裕的神。祭神是需要献上供品的,吝啬鬼希望土地神赐给自己更多的财富,却又舍不得投入一点点供品。面对着家中的大米、白面、鱼肉、好酒,吝啬鬼犯了难。他摸了摸雪白的米饭、馒头,闻了闻香喷喷的腊肉熏鱼,碰了碰盖得严严实实的成坛的老酒,终于没舍得拿出来。

吝啬鬼狠狠心、咬咬牙,拿半碗大米到邻居家换了一碗小米饭,从当天吃剩的菜中拣了三条小鱼,又将没喝完的半瓶酒带上,就很"慷慨"地出了家门。

到了土地神庙,他摆上那些不像样子的供品,认真地祈祷说:"土地爷爷,我拿了酒、鱼、米饭来供奉您老人家,请您保佑我有更多的财富吧!让我那干旱的高坡地也都长出茂盛的庄稼吧!让我那水涝的湖洼地也都收获上万石的粮食吧!请将我的这些财富和您的保佑传给我的子孙后代,让他们也年年丰收,永远获得多多的财富吧!"

这个吝啬鬼的要求实在是太多了,他不但希望土地神保佑他自己获得更多,还希望保佑他的后代子孙也得到更多。可是他供奉给土地神的又有多少呢?

寓意解读

这种只知道无止境地向别人索取,却不考虑对别人付出的人,不会得到别人的赐予。

山鹰和狐狸

山鹰和狐狸互相结为好友,为了彼此的友谊更加巩固,他们决定住在一起。于是鹰飞到一棵高树上面,筑起巢来孵育后代,狐狸则走进树下的灌木丛中,生儿育女。

有一天,狐狸出去觅食,鹰也正好断了炊。于是鹰便飞入灌木丛中,把幼小的狐狸抢走,与雏鹰一起饱餐一顿。狐狸回来后,知道这事是鹰所做,它为儿女的死悲痛,而最令它悲痛的是一时无法报仇,因为它是走兽,只能在地上跑,不能去追逐会飞的鸟。因此,它只好远远地站着诅咒敌人,这是力量弱小者唯一可以做到的事情。

不久,鹰背信弃义的罪行受到了严惩。有一次,一些人在野外杀羊祭神,鹰飞下去,从祭坛上抓起带着火的羊肉,回到自己的巢里。这时候一阵狂风吹来,巢里细小干枯的树枝马上燃起了猛烈的火焰。那些羽翼未丰的雏鹰都被烧死了,并从树上掉了下来。狐狸便跑了过去,在鹰的眼前,把那些小鹰全都吃了。

> **寓意解读**
>
> 这个故事说明，对于背信弃义的人，即使受害者弱小一时不能报复他，但他终会遭到报应，受到应有的惩治。

田鼠与家鼠

田鼠与家鼠是好朋友，家鼠应田鼠所约，去乡下赴宴。

家鼠一边吃着大麦与谷子，一边对田鼠说："朋友，你知道，你这是过着蚂蚁一般的生活，我那里有很多好东西，去与我一起享受吧！"

田鼠跟随家鼠来到城里，家鼠给田鼠看豆子和谷子，还有红枣、干酪、蜂蜜、果子。田鼠看得目瞪口呆，大为惊讶，称赞不已，并悲叹自己的命运。

它们正要开始吃，有人打开了门，胆小的家鼠一听声响，害怕得赶紧钻进了鼠洞。当家鼠再想拿干酪时，有人又进屋里拿什么东西。它一见到有人，立刻又钻回了洞里。

这时，田鼠也顾不上饥饿，战战兢兢地对家鼠说："朋友，再见吧！你自己尽情地去担惊受怕地享受这些好吃的东西吧！可怜的我还是去啃那些大麦和谷子，平平安安地去过你看不起的普通生活吧！"

> **寓意解读**
>
> 　　这个故事说明：人们宁愿过简单平稳的生活，也不愿享受那充满恐惧的欢乐生活。在现实社会中不乏那些重视物质生活，但却胆战心惊度日的人们。甘于过着简单平稳生活的人，才是能得到真正幸福和快乐的人。

掩耳盗铃

　　从前，有一个人很愚蠢又很自私，他还有一个爱占便宜的坏毛病。凡是他喜欢的东西，总是想尽办法把它弄到手，甚至是去偷。有一次，他看中了一家大门上挂的铃铛。这个铃铛制作得十分精致、好看，声音也很响亮。他想，怎么样才能弄到手呢？最后决定，把它偷走！但他知道，只要用手去碰那个铃铛，就会"丁零丁零"地响起来。铃铛一响，耳朵就会听到铃铛的响声，有了响声，就会被人发现，那就得不到铃铛了。怎么办呢？

　　他突然想出了一个办法。他认为，门铃一响，耳朵就会听见，如果把自己的耳朵掩住，不是就听不见了吗？于是，他决定采用这个方法去偷铃铛。有一天晚上，他借着月光，蹑手蹑脚地来到这家大门前。他伸手向上摘铃铛，但是，门铃挂得太高了，怎么也够不着，他只好扫兴地回来了。

他想叫邻居聋子一起去偷铃铛,踩着他的肩膀就能够摘到铃铛了。可是又怕人家不干,不和他一起偷东西,只好自己踩着凳子摘铃铛。

第二天晚上,他带着凳子,又蹑手蹑脚地来到这家大门口。他踩着凳子,一手掩住自己的耳朵,一手摘这只铃铛。谁知他刚碰到铃铛,铃铛就响了,这家主人发觉后,就把他抓住了。

寓意解读

铃铛是客观存在,不会因为你堵住耳朵铃声就消失了;世界上的万物,不会因为你闭上了眼睛就不复存在或者改变了形状。这则寓言故事虽然简短,但却形象而生动地阐明了一条辩证唯物主义的基本原理:对客观存在的现实不正视、不研究,采取闭目塞听的态度,这是自欺欺人,终究会自食苦果的。

强者不吹牛

强者不吹牛

小老鼠、小白兔、大公鸡在一起吹牛,比谁最厉害。

小老鼠说:"我最厉害,有一次和大象决斗,我钻进它的鼻孔里,咬得它直喊饶命!对于我,大象都不在话下,还有什么可怕的呢!"

小白兔对小老鼠说:"你这个小地豆子,按体重比我小二十倍,也敢在这儿逞能!我是三次马拉松冠军的获得者,一次还创造了世界纪录,连赛跑能手猎豹都惧我三分!"

大公鸡说:"你们都给我住嘴!俗语云:'雄鸡一唱天下白',太阳都按我的叫声出来,连人类也听我的指挥,按我的命令起床下地,因此老子天下第一!"

他们正在不着边际地吹牛,旁边的草丛中躺着一只老虎,似睡非睡,似醒非醒,听了他们的话,闭目微笑。过了一阵,老虎忽然打了一个哈欠,不由自主地说:"好困呀!"

老鼠、白兔、公鸡一听,无不抱头鼠窜……

寓意解读

这则寓言给我们的启示是:吹牛的人,充其量只能算作"纸老虎",一旦实力雄厚的"真老虎"出现在他面前,他只会落荒而逃。所以,不断地给自己充电吧,机遇与成功,永远只会青睐有实力的人。

镜子

镜　子

狮子大王的面貌生得非常丑陋,但它不相信自己的面貌丑陋,却怪镜子不好,便下令征求一面最好的镜子。

许多动物都争着把自己做成的好镜子送给狮子,希望得到重赏。

可越是好的镜子,把狮子的脸照得越清楚。狮子生起气来,把送镜子的动物都咬死了。

狐狸知道了狮子的心意,就画了一张非常美丽的脸相,嵌在镜子当中,并把这镜子献给了狮子。

狮子拿起镜子来一照,里面映出的是一张极美丽的脸,狮子快乐地笑起来说:"这才是好镜子!"于是重重地奖赏了狐狸。

世界上的确有一种人,不说自己脸孔丑,却专门怪镜子不好。这种人假如有人阿谀他的脸孔漂亮,他便会飘飘然,真觉得自己是世界上少有的美人了。

寓意解读

这篇寓言故事揭露了世界上专门喜欢被阿谀奉承,宁要虚假,不要真实,自欺欺人,盲目自大的人。朗诵时要把握好狐狸和狮子的性格特征:狐狸狡猾,善于投机钻营;狮子凶恶、自大,对自己的缺点视而不见,只喜欢别人的奉承。

蠢　驴

蠢驴

有头驴子,听到人们骂它"蠢驴"很不服气,它想学样本事,气气人们。

驴子想:"我跟谁学本事呢?对了,跟老虎学捕食。啊,不行,它虽然有本事,可太凶残了。对了,跟孔雀学化妆。啊,不行,它虽然有本事,可太风流了。对了,和蜜蜂学建筑。啊,不行,它太爱唠叨了。哎,跟谁学好呢?"

驴子思前想后,觉得没有合适的本事可以学。于是,它决定拜访猴子,请它出出主意。要知道,猴子可是有个聪明的脑袋。

猴子听驴子诉完了苦衷,想了一会儿,说:"我看啊,你还是去买些书吧,据我所知,有学问的人都有很多书。要知道,有学问可是件好事,会得到许多人的赞扬。"

就这样,驴子买来了许多书,它觉得,从此以后,自己就是学问家了,人们再也不会对它出言不逊了。谁知,它还是听见人们骂"蠢驴"。

驴子伤心极了,决定再去问问猴子。

猴子听完驴子的叙述,埋怨道:"你可真笨,买了书要看啊!要知道有学问的人可都爱'咬文嚼字'!"

驴子茅塞顿开,它乐颠颠地跑回家,拼命咬书,看见字就嚼,折腾了好几天,才把文"咬"掉,把字"嚼"完。这下,驴子可神气啦,认为自己真的成了天下有名的学问家。

可是,真奇怪,不知为什么,驴子仍然听见人们叫它"蠢驴"。

寓意解读

这则寓言故事批评了某些人的见异思迁、六神无主,到头来一事无成。同时也给那些望文生义的人开了个小小的玩笑。

时间和爱的故事

从前有一个小岛,上面住着快乐、悲哀、知识和爱,还有其他各类情感。一天,情感们得知小岛快要下沉了,于是,大家都准备船只,离开小岛。只有爱留了下来,她想要坚持到最后一刻。

过了几天,小岛真的要下沉了,爱想请人帮忙。这时,富裕乘着一艘大船经过。爱说:"富裕,你能带我走吗?"富裕答道:"不,我的船上有许多金银财宝,没有你的位置。"爱看见虚荣站在一艘华丽的小船上,说:"虚荣,帮帮我吧!""我帮不了你,你全身都湿透了,会弄坏我这漂亮的小船。"悲哀过来了,爱向她求助:"悲哀,让我跟你走吧!""哦……

爱,我实在是太悲哀了,想自己一个人待一会!"悲哀答道。快乐走过爱的身边,但是她太快乐了,竟然没有听到爱在叫她!突然,一个声音传来:"过来!爱,我带你走。"

这是一位长者。爱大喜过望,竟忘了问他的名字。登上陆地以后,长者独自走开了。爱对长者感恩不尽,问另一位长者知识:"帮我的那个人是谁?"知识老人答道:"他是时间。""时间?"爱问道:"为什么他要帮我?"知识老人笑道:"因为只有时间才能理解爱有多么伟大。"

寓意解读

作者精心设置了一个特定的情境:荒凉的孤岛上,"住着快乐、悲哀、知识和爱,还有其他各类情感"。小岛快要下沉了,爱向各种人求救。富裕表现出的是贪婪自私,虚荣表现出的是不近人情,悲哀表现出的是消极萎靡,快乐表现出的是忘乎所以。只有时间,宽厚、仁慈、博大,乐于助人,解人危困。在这里,时间是真的代表、善的凝聚、美的化身。时间永恒,爱心伟大,时间使爱美丽,爱使时间增辉,时间和爱谱写了一曲优美的旋律。

渔王的儿子

有一个渔夫有着一流的捕鱼技术,被渔民尊为"渔王"。

然而渔王年老的时候却非常苦恼,因为他的三个儿子都很平庸。

于是他经常向人诉说心中的苦恼:"我真不明白,我捕鱼的技术这么好,我的儿子为什么这么差?我从他们懂事起就传授捕鱼技术给他们,从最基本的东西教起,告诉他们怎样织网最容易捕到鱼,怎样划船不会惊动鱼,怎样下网最容易引鱼入瓮——凡是我长年辛辛苦苦总结出来的经验,我都毫无保留地传授给了他们,可是他们的捕鱼技术竟然赶不上普通渔民的儿子!"

一位路人听了他的诉说后,问道:"你一直手把手地教他们吗?"他回答:"是的,为了让他们得到一流的捕鱼技术,我教得很仔细。"路人又问:"他们一直跟着你吗?"他接着回答:"是的,为了让他们少走弯路,我一直让他们跟着我学。"路人说:"这样说来你的错误就很明显了。你只传授给他们技术,却没有传授给他们教训——对于才能来说,没有教训与没有经验一样,都不能使人成大器。"

寓意解读

这个故事告诉我们:我们应该感谢失败,要学会从困境中爬出来,今后不再重蹈覆辙。毕竟,在实践中对于经验教训的理解远比干巴巴的理论深刻得多。所以,人不能做温室的小苗,那样将无法长大。

智慧是等不来的

一个年轻的国王刚刚登上王位,为了治理好他的王国,他下决心要学习天下所有的智慧。因此,他征召了国内外的智者,命令他们把所有的智慧书搜寻来,供他阅读和学习。

五年很快过去了,智者们不辞辛苦地赶回来,身后的骆驼队驮着5000本智慧宝典。国王一看头都大了,这么多的书该如何去看呢?他命令智者们精简浓缩之后再拿来给他。

五年过去了,智者们再次求见,身后的骆驼队驮回来500本书,国王仍然嫌太多。

又是五年时间,智者们带回来50本巨著,这时国王已被各种问题搞得更加心烦气躁,可他还是觉得多。

又过了几年时间,当智者们辛辛苦苦把50本巨著浓缩成一本书献到国王面前的时候,他早已没有兴趣看这本书了,也没时间去实践这些智慧了。国内问题丛生,国外敌人不断入侵,自己也百病缠身,任何智慧都不可能解决他所面临的问题了。

寓意解读

选择了等待智慧,其实就是懒惰的另一种表现。不行动、不付出怎么会有收获呢?一味地等下去,只能是一无所有,一片空白。

负 担

拿破仑侵俄战争失败后,法国人从莫斯科撤走了。一天,有两个农夫上街寻找财物。他们两人中一个聪明,一个愚蠢。他们一起来到城里被火烧毁的地区,发现一些烧焦的羊毛。他们就说:"这些羊毛拿回家就可以派上用场。"于是他们能拿得动多少,就拿多少,然后动身回家去。

路上,他们看见街上有许多布匹。聪明的农夫便把羊毛扔掉,把自己扛得动的那么多布搭在肩上。愚蠢的农夫说:"为啥要把羊毛扔掉?已经捆得好好的,又扎得牢牢的。"他一点布也没拿。

他们再往前走,看见一些扔在街上的现成衣服。聪明的农夫又把布扔了,拾起衣服搭到肩上。愚蠢的农夫说:"我为啥要把羊毛扔掉呢?已经捆得好好的,又牢牢地绑在我背上了。"

他们继续往前走,看见扔在地上的一些银餐具。聪明的农夫又把衣服扔了,尽可能把银器收拾好带好。但愚蠢的农夫还是不肯丢弃他的羊毛,因为已经把它捆得好好的,又扎得牢牢的。

又再往前走,他们看见路上有金子。聪明的农夫扔下银器,拾起金子。但愚蠢的农夫却说:"把羊毛拿下来有什么好处呢?毕竟它已经捆得好好的,又牢牢地绑在我背上了。"于是他们往家里走去。

半路上下雨了,羊毛被淋个透湿。愚蠢的农夫只好全部扔掉它,就这么两手空空地回家;聪明的农夫却因得到的金子而富裕了起来。

寓意解读

　　人们已经得到的东西,如果不善于正确对待的话,有时会成为一种负担,就像寓言中愚蠢的农夫一样。

　　人们总是舍不得丢掉自己已经得到的东西,何况,在生活中并不是所有的选择都像羊毛、布匹、银器和金子那样高下分明,易于辨别。由此看来,只有抛弃一些陈旧的知识和观念,才能与时俱进。

主要参考书目

1. 顾建华.寓言:哲理的诗篇[M].北京:北京大学出版社,1996.
2. 包启新.新编中国寓言故事200篇[M].上海:上海科技教育出版社,1996.
3. 陈蒲清.中国古代寓言选[M].长沙:湖南教育出版社,1981.
4. 严北溟,严捷.中国哲理寓言[M].北京:新世界出版社,2006.
5. 张颂.朗读学[M].3版.北京:中国传媒大学出版社,2010.
6. 罗莉.文艺作品演播技巧[M].2版.北京:中国广播影视出版社,2013.
7. 赵兵,王群.朗诵艺术创造[M].上海:格致出版社,上海人民出版社,2008.
8. 曾致.朗诵艺术指要[M].北京:中国传媒大学出版社,2007.
9. 何君.读寓言学做人[M].北京:中国长安出版社,2005.
10. 刘国正,马达,戴山青.寓林折枝[M].北京:北京出版社,1984.
11. 刘剑.朗诵的艺术[M].上海:上海科学技术文献出版社,2013.
12. 中国寓言网、中国寓言文学会微信公众号等.

后　记

　　记得读小学的时候,我听过这样一个故事:俄国的罗蒙诺索夫小的时候,最大的梦想就是希望得到一本书。他是渔民的儿子,白天,跟着父亲打鱼;晚上,躲在船舱里看书。有一天,罗蒙诺索夫和父亲在海上打鱼,突然狂风四起,巨浪翻卷,船上的帆篷被风吹落,情况十分危急。罗蒙诺索夫不顾一切,沿着摇晃的桅杆爬上去,很快就把吹落的帆篷扎结实了,渔船恢复了平稳。狂风过后,父亲把他拉到身边说:"孩子,我要奖赏你的勇敢,给你买件鹿皮上衣,好吗?"罗蒙诺索夫摇了摇头。父亲问:"那你要什么呢?"罗蒙诺索夫说:"我要买一本书。"父亲奇怪地问:"难道一件鹿皮上衣还比不上一本书?"罗蒙诺索夫回答:"我想要一本好书,什么知识都有的书。比方,天上的星星为什么会掉下来,为什么黑夜过去就是黎明……"父亲和水手们听了,都惊奇地睁圆了眼睛。长大以后,罗蒙诺索夫成了俄国著名的科学家、诗人、语言学家和历史学家。他的研究范围很广,涉及自然科学的许多领域。在科学研究的同时,他还进行文学创作和语言学、历史学研究,给后人留下了很多有价值的作品。

在当今信息爆炸的时代，报纸、电视、网络、微博、微信等占据了我们的视听空间，各种信息的飞速传播令人目不暇接。独坐一隅，捧书静读，成了一种难得的"奢侈"享受。但是，我们却不能舍弃这份"奢侈"，如果生活全部是"快餐"式的信息接受，难免会流于肤浅，造成"营养不良"。在这文字精华与文字垃圾共存、低级媚俗与高级媚俗大出风头的时期，精神产品空前丰富也空前杂乱。于是，庸俗与浅薄成为时尚，而真正的文学本体意识和理想精神沦丧。以丑为美、以闲为美的"时髦"，使精神产品迅速地粗俗化和小市民化了。这样的审美趣味低下化走向着实令人担忧。殊不知，我们的想象力正在萎缩，我们的创造精神也会因此而贫弱。我想，这绝不是危言耸听，长此以往，我们将会丧失在国际竞争中的优势和实力。而这样的审美时尚，培养的是一种病态的接受心理。

在我们身边，有一些青少年，过于前卫，超级先锋，相当叛逆，十分另类。他们是物质文明高度发达的工业社会的宠儿，他们成长的历程就是这个世界商业化、数字化、信息化的发展史。在网络文化铺天盖地的背景下，曾经的一些传统观念被解构得支离破碎，"佛系、油腻男、皮皮虾"以及形态各异的"新新人类"就在这些华美的碎片中玩着只有自己才看得懂的拼图游戏，他们千奇百怪的价值观似乎无人能懂。这种叛逆还体现在他们对传统文化的摒弃和反抗上。目中无人的"自我"夸张的流行语、怪异的服装、追求享乐的生活方式……既是一种内心迷惘的写照，又似乎是他们寻求突破、宣泄叛逆的渠道。面对那"营养不良"的面色，面对那无所适从显得有些茫然的眼睛，面对那"偏食"或适应"精神快餐"的胃口，我们该做些什么？

习近平总书记在党的十九大报告中指出,"文化是一个国家、一个民族的灵魂。文化兴则国运兴,文化强则民族强。没有高度的文化自信,没有文化的繁荣兴盛,就没有中华民族的伟大复兴。"2018年2月1日的人民论坛网曾发表评论《在坚定文化自信中弘扬优秀传统文化》,文章指出:"在文化自信视域下,我国优秀传统文化传承的语境主要有两种。一是历史语境。中华优秀传统文化是经过历史的不断洗礼和沉淀而流传下来的,形成了独具特色的文化传统,其中蕴含着我国许多历史人物伟大的爱国主义和民族精神,是我国抵御挫折的重要精神支柱。二是时代语境。在经济全球化以及网络信息技术飞速发展的今天,各国之间往来的日益密切使得文化的交流也逐渐呈现多样化的特征,我国优秀传统文化也要不断适应新时代的发展需求。"

我不禁想起了宋代朱熹曾经说过的:"为学之道,莫先于穷理;穷理之要,必在于读书。"但是,营养的摄入并不是一蹴而就的,需要慢慢品尝慢慢吸收,将厚重的一本书分割成小块,均匀地融入每日的生活,仿佛连载一般,就不会感到疲倦与枯燥。有人曾经说过:"超凡脱俗只有两条路:诗和哲学。"而寓言故事,正是智慧的花,是哲理的诗,是正义的剑!今天的青少年学子,未必都要成为诗人、成为哲人,然而,无论他们以后从事什么工作,都不能没有诗歌和哲理光辉的沐浴,不能没有诗情和事理的乳汁滋养。就像我们不可能拥有太阳却必定要拥有阳光一样。

当下,我们大力推广和提倡寓言故事的阅读和朗诵,正是为了热情地赞扬和歌颂真、善、美。我想,阅读这些故事,聆听这些故事,朗诵这些故事,将会给我们的人生带去思考和启迪,引领我们不断成长与进步。

感谢中国传媒大学出版社李水仙老师多年来的信任，2006年，在她的邀约下，我写作出版了《朗诵艺术指要》，2010年又推出了《寓言故事朗诵》。随着全民朗读热的升温，我们对这两本书进行了修订和完善，并录制了相关音频，以二维码的形式附在书中，方便读者朋友收听。

本书在编选过程中，参阅了著名文学研究专家陈蒲清、马达等先生的有关文献，参考和借鉴了播音界、教育界专家张颂、罗莉、赵兵、王群等教授的相关论著。杨波、何佳、李炬、姜立安、卢莎莎、李娜、汪涵、舒高、张宁等多位资深播音艺术家、著名主持人，朱俊瑛、刘宝寅、罗玲、杨雁、宋晓宇等高校播音主持专业教师，以及马冉冉、姚若水、曾可以、何林霏等几位小朋友参与了寓言故事的朗诵录音工作，在此一并表示深深的感谢。最后希望本书得到大家的指正。

曾　致

2018年春修订